目次

効率よく勉強して
テストでいい点を取ろう

成績アップのための学習メソッド

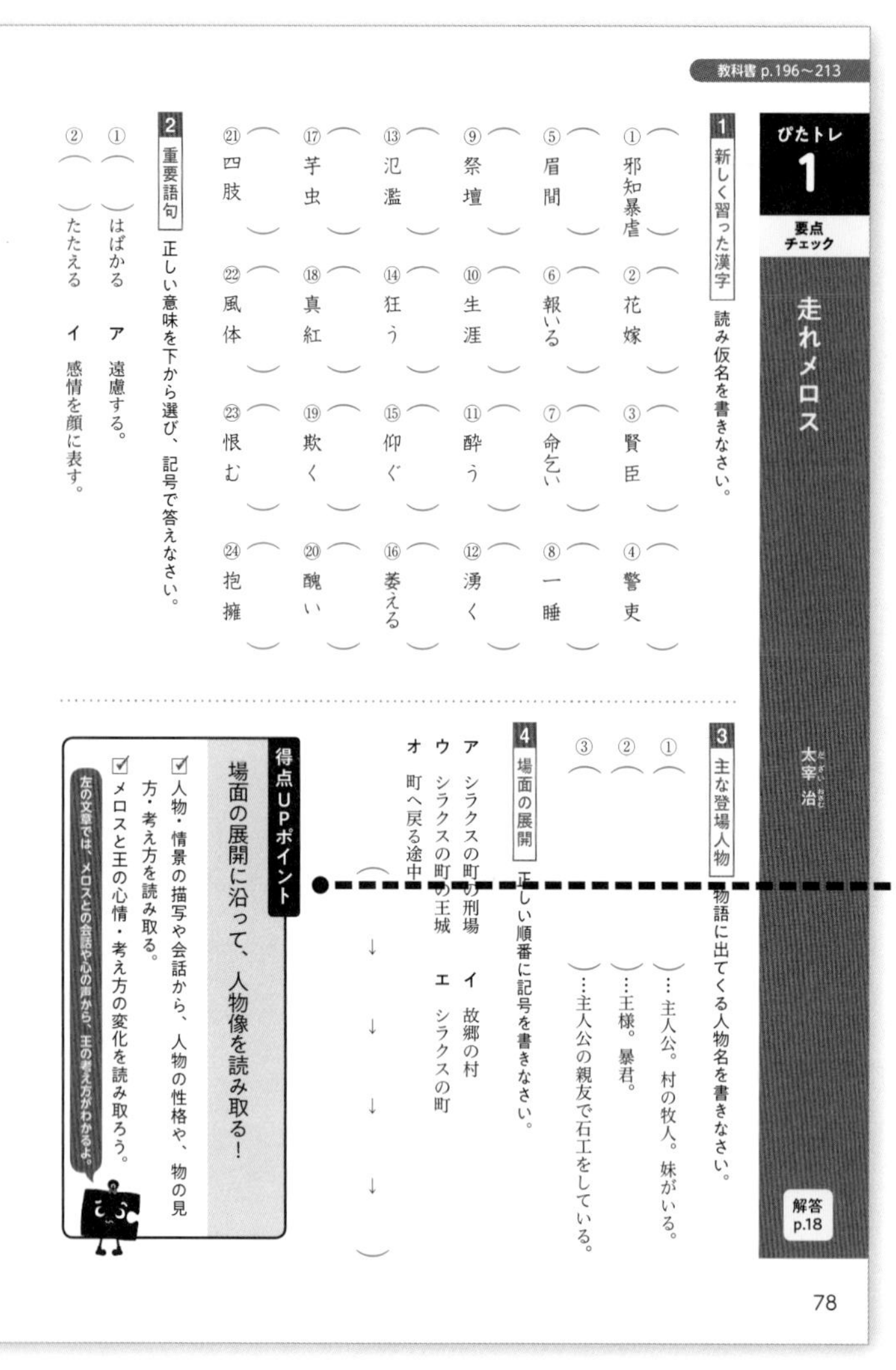

教科書 p.196～213

ぴたトレ 1 要点チェック

走れメロス

太宰治

解答 p.18

1 新しく習った漢字 読み仮名を書きなさい。

① 邪知暴虐（　） ② 花嫁（　） ③ 賢臣（　） ④ 警吏（　）
⑤ 眉間（　） ⑥ 報いる（　） ⑦ 命乞い（　） ⑧ 一睡（　）
⑨ 祭壇（　） ⑩ 生涯（　） ⑪ 酔う（　） ⑫ 湧く（　）
⑬ 氾濫（　） ⑭ 狂う（　） ⑮ 仰ぐ（　） ⑯ 萎える（　）
⑰ 芋虫（　） ⑱ 真紅（　） ⑲ 欺く（　） ⑳ 醜い（　）
㉑ 四肢（　） ㉒ 風体（　） ㉓ 恨む（　） ㉔ 抱擁（　）

2 重要語句 正しい意味を下から選び、記号で答えなさい。

①（　）はばかる　ア 遠慮する。
②（　）たたえる　イ 感情を顔に表す。

3 主な登場人物 物語に出てくる人物名を書きなさい。

①（　）…主人公。村の牧人。妹がいる。
②（　）…王様。暴君。
③（　）…主人公の親友で石工をしている。

4 場面の展開 正しい順番に記号を書きなさい。

ア シラクスの町の刑場　イ 故郷の村
ウ シラクスの町の王城　エ シラクスの町
オ 町へ戻る途中

（　）→（　）→（　）→（　）→（　）

得点UPポイント

場面の展開に沿って、人物像を読み取る！

☑ 人物・情景の描写や会話から、人物の性格や、物の見方・考え方を読み取る。
☑ メロスと王の心情・考え方の変化を読み取ろう。

左の文章では、メロスとの会話や心の声から、王の考え方がわかるよ。

78

ぴたトレ1

要点チェック

教科書の教材についての理解を深め、基礎学力を定着させます。

言語知識の確認

教科書の新出漢字・重要語句が順番にのっています。

読解教材の基礎知識

登場人物や段落分けなどを問題形式で確認できます。

得点UPポイント

国語の力が付くように、文章読解する際のポイントを示しているよ！

スタートアップ

教材の要点や覚えておくべき文法事項をまとめているよ！

リー子

学習メソッド

STEP1

ノートを整理・確認

定期テストでは授業で取り上げた内容が出やすい。板書を見直して重要なところをおさらいしよう。

←

STEP2

基礎を固める

テスト期間が始まったら、まずはぴたトレ1で教材の要点や文法、新出漢字を復習しよう。

問題を解くのに時間はかけず、横にノートを置いてこまめに確認しながら問題を解いていこう。

←

STEP3

新出漢字を集中特訓

教科書で習った順にまとめられた別冊「mini book」を使って、漢字はすべて書けるように練習しよう。

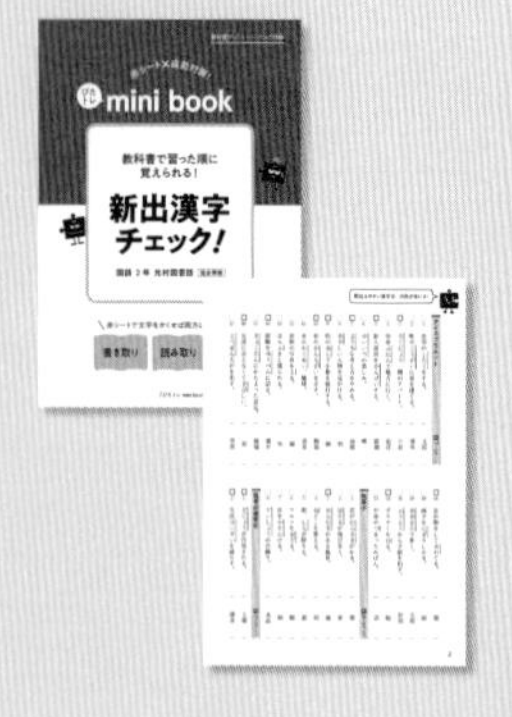

教科書ぴったりトレーニング付録

赤シート×直前対策!

ぴたトレ mini book

教科書で習った順に
覚えられる!

新出漢字チェック!

国語 1年 光村図書版 完全準拠

\ 赤シートで文字をかくせば両方に使えるよ! /

書き取り　読み取り

「ぴたトレ mini book」は取り外してお使いください。➡

間違えやすい漢字は□の色が赤いよ!

シンシュン
教 22〜29ページ

□① 初めて見た光景におどろく。（驚）
□② ぼくによく似た弟。（僕）
□③ 好ききらいをしない。（嫌）
□④ ぎゅうどんを食べる。（牛丼）
□⑤ くつしたをはく。（靴下）
□⑥ いつもとちがう道を歩く。（違）
□⑦ 後ろをふり返る。（振）
□⑧ かんかんになっておこる。（怒）
□⑨ げんこつでなぐる。（殴）
□⑩ 試合に負けてくやしい。（悔）
□⑪ 急にだまる。（黙）
□⑫ 席からはなれる。（離）
□⑬ 暗い道をこわがる。（怖）
□⑭ 友達に判断ミスをあやまる。（謝）

比較・分類
教 32〜33ページ

□① 両者の提案をひかくする。（比較）
□② 話の要点をとらえる。（捉）
□③ 母親にあまえる。（甘）
□④ 赤んぼうをあやす。（坊）
□⑤ るいじてんを探す。（類似点）
□⑥ いすにこしかける。（椅子）
□⑦ 目印にふせんをはる。（付箋(箋)）
□⑧ 果物がいたむ。（傷）
□⑨ パソコンでけんさくする。（検索）
□⑩ とくちょうのある地形。（特徴）

漢字1 漢字の組み立てと部首
教 38〜39ページ

□① ひろうがたまる。（疲労）
□② くせを直す。（癖）
□③ 国境をこえる。（越）
□④ 人知をこえる。（超）
□⑤ 品物のあつかいに注意する。（扱）
□⑥ れっとうかんを覚える。（劣等感）
□⑦ じんぞうの働きを知る。（腎臓）
□⑧ 容疑者をきそする。（起訴）
□⑨ 父はがんこな性格だ。（頑固）

⑩ ガラスのはへんを拾う。（破片）
⑪ シャツのえりもと。（襟元）
⑫ てぶくろを編む。（手袋）
⑬ 川がおせんされる。（汚染）
⑭ 未来はあんたいだ。（安泰）
⑮ きょうじゅんの意を表す。（恭順）
⑯ 打開策を求めてくのうする。（苦悩）
⑰ けんめいに努力する。（懸命）
⑱ 明けのみょうじょう。（明星）
⑲ じょうしょう気流に乗る。（上昇）

漢字に親しもう１

教 40ページ

① 多くのけっさくを残した画家。（傑作）
② すみやかに移動する。（速）
③ 合唱曲のがくふ。（楽譜）
④ すいぼくがのような風景。（水墨画）
⑤ 気持ちがなごむ。（和）
⑥ ピアノのけいこに励（はげ）む。（稽古）
⑦ 人々がつどう公園。（集）
⑧ どうようを歌う。（童謡）
⑨ 友達との会話に心がやわらぐ。（和）
⑩ 休日はもっぱら本を読む。（専）
⑪ とうげい教室で作ったカップ。（陶芸）
⑫ 足首をねんざする。（捻挫）
⑬ 転んでひざをだぼくする。（打撲）
⑭ 提案をきょひする。（拒否）
⑮ いっかつして申し込む。（一括）
⑯ 現在の生活をいじする。（維持）
⑰ 地図でいどを確かめる。（緯度）
⑱ ぼうせき工場を見学する。（紡績）

ダイコンは大きな根？

教 42～45ページ

① 朝顔のくきがのびる。（茎）
② 種からふたばが出る。（双（二）葉）
③ 背がのびる。（伸）
④ 車輪のじく。（軸）
⑤ 雪道に靴のあとが残る。（跡）
⑥ からいスープを飲む。（辛）

間違えやすい漢字は□の色が赤いよ!

□⑦ ちえをしぼる。（知恵）
□⑧ 人体を作る無数のさいぼう。（細胞）
□⑨ 建物をはかいする。（破壊）
□⑩ 甘みをおさえる。（抑）
□⑪ みりょくのある人柄。（魅力）

ちょっと立ち止まって

教 46～51ページ

□① 間違いをしてきする。（指摘）
□② 顔に笑いがうかぶ。（浮）
□③ かげえ遊びをする。（影絵）
□④ 橋をかける。（架）
□⑤ めずらしい宝石。（珍）
□⑥ 建物のおくに案内する。（奥）
□⑦ マフラーにあごをうずめる。（顎）
□⑧ きれいにけしょうをする。（化粧）
□⑨ 椅子にすわる。（座）
□⑩ しゅうれいな山の姿。（秀麗）
□⑪ 岩がろしゅつする。（露出）
□⑫ あらあらしい波。（荒々（荒））
□⑬ 雑誌をひもでしばる。（縛）
□⑭ 新しい方法をためす。（試）
□⑮ 家から学校までのきょり。（距離）

意見と根拠

教 52～53ページ

□① こんきょを明らかにする。（根拠）
□② 事実にもとづいて話す。（基）
□③ 思いこみをさける。（込）
□④ しんらいせいの高い製品。（信頼性）
□⑤ 事実をかくにんする。（確認）
□⑥ きそりょくをつける。（基礎力）

漢字に親しもう2

教 58ページ

□① 関東けんないに引っ越す。（圏内）
□② 足の速さをきそう。（競）
□③ にるいしゅが打球をとる。（二塁手）
□④ 決勝戦でおおわざを決める。（大技）
□⑤ 観客のかっさいを浴びる。（喝采）
□⑥ ほうがん投げで記録を残す。（砲丸）
□⑦ シュートの練習に時間をさく。（割）

□⑧ きゅうどうの試合に出る。（弓道）
□⑨ 野球のしんぱんを務める。（審判）
□⑩ 地区大会でさんれんぱする。（三連覇）
□⑪ かいひん公園で水遊びをする。（海浜）
□⑫ はまべを散歩する。（浜辺）
□⑬ 年収にひってきする金額。（匹敵）
□⑭ 「さんびきのこぶた」の絵本。（三匹）
□⑮ 自信をそうしつする。（喪失）
□⑯ もちゅうの葉書（はがき）を出す。（喪中）
□⑰ さくさんを含む薬品。（酢酸）
□⑱ くろずを使った料理。（黒酢）
□⑲ きゅうしが痛んで顔がはれる。（臼歯）
□⑳ いしうすでそば粉をひく。（石臼）
□㉑ 会社でかいきん賞をもらう。（皆勤）
□㉒ ご家族のみなさまによろしく。（皆様）
□㉓ みがいてこうたくを出す。（光沢）
□㉔ さわを登る。（沢）

情報を集めよう／情報を読み取ろう／情報を引用しよう

教 60～66ページ

□① 犯人をしぼり込む。（絞）
□② 資料をせいきゅうする。（請求）
□③ てつがく書を読む。（哲学）
□④ 名前のかしらもじ。（頭文字）
□⑤ 新しい自転車がほしい。（欲）
□⑥ 現金のすいとう係。（出納）
□⑦ 全体にしめる割合。（占）
□⑧ 前回のせつじょくを果たす。（雪辱）
□⑨ 文章をぬき出す。（抜）
□⑩ 有名なちょうこく家の作品。（彫刻）
□⑪ 決まりをじゅんしゅする。（遵守）

詩の世界

教 68～72ページ

□① ふつうの生活を送る。（普通）
□② バッグを部屋のすみに置く。（隅）
□③ わたり鳥が飛んでいく。（渡）
□④ 打球がこをえがいて飛ぶ。（弧）

間違えやすい漢字は□の色が赤いよ!

□⑤ さばくのオアシス。（砂漠）
□⑥ きれいな花がさく。（咲）
□⑦ 長旅からもどる。（戻）

比喩で広がる言葉の世界

教 73～76ページ

□① ひゆを使って文を作る。（比喩（喩））
□② 波にゆられる船。（揺）
□③ 船のほをあげる。（帆）
□④ 重要なことがらをメモする。（事柄）
□⑤ しゅんじに判断する。（瞬時）
□⑥ 未来の姿を思いえがく。（描）
□⑦ 必要なものをあたえる。（与）
□⑧ 心をつくす。（尽）
□⑨ 夕立でかみなりが鳴る。（雷）
□⑩ かねの音がひびき渡る。（響）
□⑪ げきれつな争い。（激烈）
□⑫ はくりょくのある演奏。（迫力）
□⑬ 初舞(ぶ)台にきんちょうする。（緊張）
□⑭ 吉(きっ)報に顔がかがやく。（輝）

言葉1 指示する語句と接続する語句

教 77～79ページ

□① 正式なめいしょうを書く。（名称）
□② 森の木をばっさいする。（伐採）
□③ 電池をへいれつにつなぐ。（並列）
□④ 利益がるいかする。（累加）
□⑤ とびらを開ける。（扉）
□⑥ 小屋にかぎをつける。（鍵）
□⑦ 絵をかべにかける。（掛）
□⑧ 最良の方法をせんたくする。（選択）
□⑨ 明日の予定をれんらくする。（連絡）
□⑩ 決定じこうを板書する。（事項）

言葉を集めよう

教 80～81ページ

□① 力をたくわえる。（蓄）
□② 両親にしょうかいする。（紹介）
□③ すずしげな風鈴(りん)の音。（涼）
□④ すき通った川の水。（透）
□⑤ やわらかい毛布。（柔）
□⑥ 言葉をしゅうしょくする。（修飾）

⑦ くふうをこらした作品。（工夫）
⑧ 氷を口にふくむ。（含）
⑨ 砂糖がとける。（溶）
⑩ きわめて難しい問題。（極）
⑪ ほどよい温度に冷ます。（程）

本の中の中学生

教 84〜89ページ

① 知識のはばを広げる。（幅）
② 試験にのぞむ。（臨）
③ かれは生徒会長だ。（彼）
④ コートをぬぐ。（脱）
⑤ うでを伸ばす。（腕）
⑥ 強敵ばかりできおくれする。（気後）
⑦ すみ切った高原の空気。（澄）
⑧ いっせいに立ち上がる。（一斉）
⑨ まじょの歴史を調べる。（魔女）
⑩ かみの毛を洗う。（髪）
⑪ おごそかに式が進む。（厳）
⑫ 体のどうの周りを測る。（胴）
⑬ くつばきのまま部屋に上がる。（靴履）
⑭ 事件のかくしんに近づく。（核心）
⑮ パンに具材をはさむ。（挟）
⑯ うえきばちに水をやる。（植木鉢）
⑰ 本をたなに並べる。（棚）
⑱ すり傷に薬をぬる。（擦）
⑲ 一息つくひまもない。（暇）
⑳ 部活のこもんの先生。（顧問）
㉑ 窓ガラスをみがく。（磨）

大人になれなかった弟たちに……

教 96〜105ページ

① くうしゅう警報が鳴り響く。（空襲）
② ばくだんを投下する。（爆弾）
③ 深い穴をほる。（掘）
④ うすいおかゆを食べる。（薄）
⑤ ジュースをひとかん買う。（一缶）
⑥ 好物の甘いおかし。（菓子）
⑦ スープをぬすみ飲みする。（盗）
⑧ 田舎にそかいする。（疎開）

間違えやすい漢字は□の色が赤いよ！

□⑨ 妹はよんさいになった。（四歳）
□⑩ 遠くのしんせきを訪ねる。（親戚）
□⑪ けいりゅうで魚をつる。（渓流）
□⑫ みずみずしいももを食べる。（桃）
□⑬ 自転車をシートでおおう。（覆）
□⑭ 品物とお金をこうかんする。（交換）
□⑮ となりむらのお祭りに行く。（隣村）
□⑯ 空気がかわく。（乾）
□⑰ 会食のさそいをえんりょする。（遠慮）
□⑱ 敵の本隊をばくげきする。（爆撃）
□⑲ すぎいたでテーブルを作る。（杉板）
□⑳ 文章をけずる。（削）
□㉑ 亡きがらをかんに納める。（棺）

星の花が降るころに

教 106～115ページ

□① 発射ボタンをおす。（押）
□② 自分のことをおれと言う。（俺）
□③ 毎日じゅくに通う。（塾）
□④ せんぱいの指導をあおぐ。（先輩）
□⑤ ろうかを歩く。（廊下）
□⑥ 窓から風景をながめる。（眺）
□⑦ 難問にちょうせんする。（挑戦）
□⑧ ばらのかおりのこうすい。（香水）
□⑨ 部活動にさそう。（誘）
□⑩ 目をそむける。（背）
□⑪ そうぞうしい教室。（騒々（騒））
□⑫ くちびるをとがらす。（唇）
□⑬ 待ち合わせ場所にかけ寄る。（駆）
□⑭ ひんけつで気分が悪くなる。（貧血）
□⑮ 部活で帰りがおそくなる。（遅）
□⑯ たましいを込めて描かれた絵。（魂）
□⑰ 事件の背景をさぐる。（探）
□⑱ 人の失敗を笑うにくらしい子。（憎）
□⑲ ひかげで休む。（日陰）
□⑳ テーブルをふく。（拭）
□㉑ なみだがにじむ。（涙）
□㉒ 庭のしばふをかり込む。（刈）

□㉓ この道でだいじょうぶです。（大丈夫）

□㉔ 毎日部屋をそうじする。（掃除）

□㉕ やっかいなことに巻き込まれる。（厄介）

□㉖ 愛用のぼうしをかぶる。（帽子）

□㉗ 荷物をかかえて歩く。（抱）

言葉2　方言と共通語　教121～122ページ

□① ねこを飼う。（猫）

□② 現状にそくした提案を行う。（即）

□③ おたがいの話を聞く。（互）

□④ パソコンがふきゅうする。（普及）

□⑤ 話し合いをえんかつに進める。（円滑）

□⑥ しめり気のある空気。（湿）

□⑦ せんさいな色彩（さい）の絵画。（繊細）

□⑧ 昔の人々のいきづかいを感じる。（息遣）

□⑨ 伝統を受けつぐ。（継）

漢字2　漢字の音訓　教123～124ページ

□① りんごをいくつか買う。（幾）

□② 商品の在庫のうむを調べる。（有無）

□③ 川底にどしゃが積もる。（土砂）

□④ 「せいかの候」と手紙に書く。（盛夏）

□⑤ 今日は昼間が最も長いげしだ。（夏至）

□⑥ しゅしょうが質疑に答える。（首相）

□⑦ 百年のちきを得た思いがする。（知己）

□⑧ 出世かいどうに乗る。（街道）

□⑨ 悲しくてごうきゅうする。（号泣）

□⑩ 勤務時間をしんこくする。（申告）

□⑪ 水を一杯、しょもうする。（所望）

□⑫ ぎこうをこらした芸術作品。（技巧）

□⑬ 音をしゃだんする。（遮断）

□⑭ イベントのきかくを立てる。（企画）

「言葉」をもつ鳥、シジュウカラ　教126～135ページ

□① 若葉のころに会いましょう。（頃）

□② うれしくてほおを染める。（頰（頬））

□③ 鳥がはんしょくきをむかえる。（繁殖期）

□④ ひなにえさを運ぶ。（餌）

□⑤ きばをむいていかくする。（威嚇）

間違えやすい漢字は□の色が赤いよ!

⑥ データをぶんせきする。（分析）
⑦ 大雨をけいかいする。（警戒）
⑧ 周囲のじょうきょうを見る。（状（情）況）
⑨ 明るく振るまう。（舞）
⑩ 事態をくわしく説明する。（詳）
⑪ 虫を追いはらう。（払）
⑫ だれの作品か調べる。（誰）
⑬ 行いを善意にかいしゃくする。（解釈）
⑭ 急な成長にきょういを感じる。（脅威）
⑮ 優勝賞金をかくとくする。（獲得）
⑯ 美しい声にみりょうされる。（魅了）
⑰ スポーツがさかんな学校。（盛）

原因と結果

教 136〜137ページ

① 二の足をふむ。（踏）
② 別室にかくりする。（隔離）
③ 自然かんきょうを守る。（環境）
④ 友人とぐうぜん出会う。（偶然）
⑤ かくされた原因を探る。（隠）

漢字に親しもう 3

教 144ページ

① 災害がたびかさなる。（度重）
② 樹木のなえを植える。（苗）
③ 野菜をしゅっかする。（出荷）
④ 神社のけいだいを掃き清める。（境内）
⑤ じゅれい四百年の杉の木。（樹齢）
⑥ 入りえ近くで魚をつる。（江）
⑦ 海のさちが山積みされた店。（幸）
⑧ 病原となるさいきんを発見する。（細菌）
⑨ 雨上がりの空ににじが架かる。（虹）
⑩ 朝食になっとうを食べる。（納豆）
⑪ みそははっこう食品だ。（発酵）
⑫ 努力の成果をひろうする。（披露）
⑬ まさつで熱を起こす。（摩擦）
⑭ 利益をかんげんする。（還元）
⑮ 否定文とこうてい文。（肯定）
⑯ 中国からこうさが飛んでくる。（黄砂）
⑰ 文章をそうにゅうする。（挿入）

□⑱ 裁判でばいしん員を務める。（ 陪審 ）

□⑲ 情報を伝えるばいたい。（ 媒体 ）

□⑳ 違法ちゅうしゃを取りしまる。（ 駐車 ）

□㉑ 土地の売買をちゅうかいする。（ 仲介 ）

大阿蘇

教150〜151ページ

□① けむりが目にしみる。（ 煙 ）

□② 火山からふんえんがあがる。（ 噴煙 ）

□③ なだらかな緑のおか。（ 丘 ）

蓬萊の玉の枝――「竹取物語」から

教158〜169ページ

□① 竹のつつに花をいける。（ 筒 ）

□② 小説のぼうとう部分。（ 冒頭 ）

□③ 師から秘伝をさずかる。（ 授 ）

□④ 竹でかごを編む。（ 籠 ）

□⑤ 美しく成長したむすめ。（ 娘 ）

□⑥ 貴族のひめに仕える。（ 姫 ）

□⑦ 幸せなけっこんをする。（ 結婚 ）

□⑧ 無理を通さずにあきらめる。（ 諦 ）

□⑨ 子供の家をおとずれる。（ 訪 ）

□⑩ おそろしい目にあう。（ 恐 ）

□⑪ 何があったのかたずねる。（ 尋 ）

□⑫ 山のしゃめんを登る。（ 斜面 ）

□⑬ スカートのすそを上げる。（ 裾 ）

□⑭ 自由をうばう。（ 奪 ）

□⑮ 仲間にむかえ入れる。（ 迎 ）

□⑯ 宮中にめされる。（ 召 ）

□⑰ 手紙に花をそえる。（ 添 ）

□⑱ 優勝者に賛辞をおくる。（ 贈 ）

□⑲ 友人からのふみを読む。（ 文 ）

□⑳ 話をうけたまわる。（ 承 ）

今に生きる言葉

教170〜174ページ

□① 座右のめいとする言葉。（ 銘 ）

□② 言い分にむじゅんを覚える。（ 矛盾 ）

□③ その一言はだそくだ。（ 蛇足 ）

□④ かたい木で作った机。（ 堅 ）

間違えやすい漢字は□の色が赤いよ!

「不便」の価値を見つめ直す

教 176～185ページ

□① 完成には時間がいる。（要）
□② いっぱんに流通している品物。（一般）
□③ 帰り道のとちゅうの店。（途中）
□④ 必要なしせつを建てる。（施設）
□⑤ 何度も実験をくり返す。（繰）
□⑥ 成長をうながす。（促）
□⑦ 重要な仕事を成しとげる。（遂）
□⑧ 指導のもとに研究を進める。（下）
□⑨ 平和運動をしえんする。（支援）
□⑩ めんどうをさける。（面倒）

漢字に親しもう 4

教 188ページ

□① げんえきの選手に指導をあおぐ。（現役）
□② 休み明けはいそがしい。（忙）
□③ ざんしんなデザインの服。（斬新）
□④ 代表の地位につく。（就）
□⑤ 成功をきがんする。（祈願）
□⑥ 好奇心おうせいな子供。（旺盛）
□⑦ すなおに謝る。（素直）
□⑧ あわてないことがかんようだ。（肝要）
□⑨ 作品をかんぺきに仕上げる。（完璧）
□⑩ じんぐうを参拝する。（神宮）
□⑪ 言い訳して時間をかせぐ。（稼）
□⑫ かわいたのどをうるおす。（渇）
□⑬ 自動車の流れがとどこおる。（滞）
□⑭ おふろがわく。（沸）
□⑮ 老いて視力がおとろえる。（衰）
□⑯ お寺にもうでる。（詣）
□⑰ レモンの汁をしぼる。（搾）
□⑱ 虫が腕をさす。（刺）

考える人になろう

教 190～193ページ

□① 核心にふれる。（触）
□② しんけんに取り組む。（真剣）
□③ 彼のじまんのコレクション。（自慢）
□④ とくしゅな加工がされた布。（特殊）
□⑤ つばさを広げ、大空にはばたく。（翼）

少年の日の思い出

教 198〜213ページ

□①父のしょさいで本を読む。（書斎）
□②椅子にこしかける。（腰掛）
□③顔をふちどる黒髪。（縁取）
□④日が落ちてやみが訪れる。（闇）
□⑤扉をとざす。（閉）
□⑥箱の中からみょうな音がする。（妙）
□⑦ふゆかいな出来事。（不愉快）
□⑧びしょうを浮かべる。（微笑）
□⑨あやまちをはずかしく思う。（恥）
□⑩かんだかい笑い声。（甲高）
□⑪おゆうぎの時間。（遊戯）
□⑫五重のとうを写真にとる。（塔）
□⑬虫取りのあみ。（網）
□⑭敵を待ちぶせる。（伏）
□⑮白地に水色のはんてんの模様。（斑点）
□⑯ガラスのびんに花をいける。（瓶）
□⑰ジュースのせんを抜く。（栓）
□⑱生徒のもはんになる。（模範）
□⑲自分にない才能をねたむ。（妬）
□⑳けっかん商品を回収する。（欠陥）
□㉑総力を挙げてこうげきする。（攻撃）
□㉒不利な状況をていする。（呈）
□㉓広い部屋がうらやましい。（羨）
□㉔ゆうがに振る舞う。（優雅）
□㉕あやまちをおかす。（犯）
□㉖とても勝てないとさとる。（悟）
□㉗寒さにふるえる。（震）
□㉘服の破れをつくろう。（繕）
□㉙いっさいの関係を断つ。（一切）
□㉚厳しいばつを受ける。（罰）
□㉛たんねんに色をぬる。（丹念）
□㉜風はいぜん強くふいている。（依然）
□㉝ひきょう者をけいべつする。（軽蔑）
□㉞のどぶえにつかみかかる。（喉笛）
□㉟口汚くののしる。（罵）

間違えやすい漢字は□の色が赤いよ!

□㊱ つぐないの気持ちを伝える。（償）

漢字に親しもう5

教 214ページ

□① 料理をさいばしで取り分ける。（菜箸(箸)）
□② お菓子をうつわに移す。（器）
□③ きっさてんでコーヒーを飲む。（喫茶店）
□④ まっちゃ風味のアイスクリーム。（抹茶）
□⑤ 磁器をかまで焼く。（窯）
□⑥ 果物がうれて甘くなる。（熟）
□⑦ 絹ごしのとうふのみそ汁。（豆腐）
□⑧ 鳥肉のしぼうを切り取る。（脂肪）
□⑨ 青春をねんしょうさせる。（燃焼）
□⑩ 全身ぜんれいで取り組む。（全霊）
□⑪ へんげん自在に現れる。（変幻）
□⑫ 作戦のしゅびは上々だ。（首尾）
□⑬ きそう天外な思いつき。（奇想）
□⑭ 試行さくごを繰り返す。（錯誤）
□⑮ だいたん不敵な態度をとる。（大胆）
□⑯ いっかんした考え方。（一貫）

随筆二編

教 216～219ページ

□① 新進作家のずいひつを読む。（随筆）
□② あこがれの店のお菓子。（憧）
□③ 小さな家がすうけん並んでいる。（数軒）
□④ 落ち葉にうもれた庭。（埋）
□⑤ 緑が日を追うごとにこくなる。（濃）
□⑥ 幼い頃のきおく。（記憶）
□⑦ 電車のつりかわにつかまる。（革）
□⑧ テレビ番組をみのがす。（見逃）
□⑨ 薄いまくに覆われる。（膜）
□⑩ 料理のよいにおいがする。（匂）
□⑪ 部屋のてんじょうに手が届く。（天井）

言葉3　さまざまな表現技法

教 224～226ページ

□① 演奏のよいんにひたる。（余韻）
□② 時間制でお客を入れかえる。（替）
□③ 詩についくの表現を入れる。（対句）
□④ はちが花のみつを集める。（蜂）
□⑤ ぎじんほうを使った文章。（擬人法）

□⑥ 池でかめが泳いでいる。（ 亀 ）

漢字3 漢字の成り立ち

教 227〜228ページ

□① 五線紙におんぷを書く。（ 音符 ）
□② 明るいうちにとうげを越える。（ 峠 ）
□③ 包丁のはをとぐ。（ 刃 ）
□④ 草原でかりを楽しむ。（ 狩 ）
□⑤ 通信はんばいで買い物をする。（ 販売 ）
□⑥ 養護きょうゆを務める。（ 教諭 ）
□⑦ きかがく模様のスカーフ。（ 幾何学 ）
□⑧ かれつを極めた競争。（ 苛烈 ）
□⑨ 有名ながはくの絵を買う。（ 画伯 ）
□⑩ 演奏者にはくしゅを送る。（ 拍手 ）
□⑪ ホテルにしゅくはくする。（ 宿泊 ）

漢字に親しもう6

教 229ページ

□① 野菜のしゅうかく。（ 収穫 ）
□② 親子であきないを続ける。（ 商 ）
□③ 体に変調をきたす。（ 来 ）
□④ がばんをさげて学校へ通う。（ 提 ）
□⑤ 証人としてほうていに立つ。（ 法廷 ）
□⑥ かへいは経済に不可欠だ。（ 貨幣 ）
□⑦ 不実な大臣をこうてつする。（ 更迭 ）
□⑧ 文化くんしょうを授かる。（ 勲章 ）
□⑨ きょぎの証言で罰せられる。（ 虚偽 ）
□⑩ 名言がきんせんに触れる。（ 琴線 ）
□⑪ 品質にたいこばんを押す。（ 太鼓判 ）
□⑫ 別れをおしむ。（ 惜 ）
□⑬ 腰をすえる。（ 据 ）
□⑭ 額にあせして働く。（ 汗 ）

間違えやすい漢字は□の色が赤いよ!

小学校6年で学習した漢字

□① こくもつを倉庫に入れる。（穀物）
□② 店のかんばん。（看板）
□③ かんたんな計算問題。（簡単）
□④ 画伯のてんらんかいに行く。（展覧会）
□⑤ 多くのこんなんに打ち勝つ。（困難）
□⑥ ちいきの行事に参加する。（地域）
□⑦ 党のせいさくを見直す。（政策）
□⑧ 実力をはっきする。（発揮）
□⑨ たんじゅんなミスを防ぐ。（単純）
□⑩ 貿易会社にしゅうしょくする。（就職）
□⑪ 全国大会でゆうしょうした。（優勝）
□⑫ 状況から犯人をすいりする。（推理）
□⑬ 金庫におさめる。（収）
□⑭ 個人のけんりを主張する。（権利）
□⑮ 新聞のけいざいめん。（経済面）
□⑯ ごかいを招く表現をさける。（誤解）
□⑰ 指導がきびしいコーチ。（厳）
□⑱ りんじ列車にのる。（臨時）
□⑲ 試合の時間がのびる。（延）
□⑳ 希望にむねがふくらむ。（胸）
□㉑ 問題点をけんとうする。（検討）
□㉒ 物事の表とうら。（裏）
□㉓ 彼は心強いそんざいだ。（存在）
□㉔ しょうらいを期待される。（将来）
□㉕ じゃ口から水がたれる。（垂）
□㉖ 電力がきょうきゅうされる。（供給）
□㉗ 祖父のいさんを相続する。（遺産）
□㉘ えんげきの台本を書く。（演劇）
□㉙ 時をきざむ。（刻）
□㉚ 安全そうちを取り付ける。（装置）
□㉛ 乱れたこきゅうを整える。（呼吸）
□㉜ ファインプレーにこうふんする。（興奮）
□㉝ 友人にゆうびんを出す。（郵便）
□㉞ 業務をほじょする。（補助）
□㉟ かんしゅうが声援を送る。（観衆）

ぴたトレ 2

練習

走れメロス

1 読解問題 文章を読んで、問いに答えなさい。

教科書199ページ16行～200ページ6行

それを聞いて王は、残虐な気持ちで、そっとほくそ笑んだ。生意気なことを言うわい。どうせ帰ってこないに決まっている。このうそつきにだまされたふりして、放してやるのもおもしろい。そうして身代わりの男を、三日目に殺してやるのも気味がいい。人は、これだから信じられぬと、わしは悲しい顔して、その身代わりの男を磔刑に処してやるのだ。世の中の、正直者とかいうやつばらにうんと見せつけてやりたいものさ。

「願いを聞いた。その身代わりを呼ぶがよい。三日目には日没までに帰ってこい。遅れたら、その身代わりを、きっと殺すぞ。ちょっと遅れて来るがいい。おまえの罪は、永遠に許してやろうぞ。」

「なに、何をおっしゃる。」

「はは。命が大事だったら、遅れて来い。おまえの心は、わかっているぞ。」

メロスは悔しく、じだんだ踏んだ。ものも言いたくなくなった。

太宰 治「走れメロス」より

(1) ――線①「残虐な気持ち」とありますが、その内容が書かれているのはどこですか。文章中から探し、初めと終わりの五字を抜き出しなさい。(句読点を含む)

[　　　　　]～[　　　　　]

ヒント 王の心の声が書かれている部分を探すよ。

(2) ――線②「おもしろい。」とありますが、このとき王はどんなことを考えていましたか。次から一つ選び、記号で答えなさい。

ア 人の心はあてにならないことを証明できるぞ。
イ うそと知ってだまされるわしも、お人よしじゃわい。
ウ 人の心を信じることができるかもしれぬ。

(　　)

ヒント 王のたくらみを読み取ろう。

(3) ――線③「お前の心は、わかっているぞ。」とありますが、王はメロスが心の中ではどう思っていると考えていますか。次から一つ選び、記号で答えなさい。

ア 三日目の日没までには何としても帰ってこよう。
イ 遅れて帰って、身代わりに死んでもらおう。
ウ 王は三日目の日没より前に身代わりを殺すだろう。

(　　)

ヒント メロスは王の言葉を聞いて、悔しがっているよ。

タイム トライアル 10分

解答 p.18

79

ぴたトレ2

練習

短い文章問題や言語問題を解いて、理解力や応用力を高めます。

文章読解の練習

文章読解では500字程度の短い文章をすばやく読む練習をします。

文法問題の練習

文法問題ではテストに出やすい問題を中心にまとめています。

ヒント

問題を解くうえでの注意点やポイントを示しているよ!

タイムトライアル

時間を意識して文章を読もう。目標タイムはクリアできるかな。

学習メソッド

STEP1 **教科書の文章を読む**

文章を少なくとも2回は音読してどんな内容が書かれているのか、頭のなかでイメージできるようにしておこう。

←

STEP2 **時間を計って問題を解く**

ぴたトレ2の文章には目標時間が設定されている。時間を意識してすばやく解く練習をしよう。

←

STEP3 **もう一度解き直す**

解いた後に音読をしてからもう一度解けばより理解が深まる。

定期テストで点を取るためには教科書の文章を何度も「音読すること」が大切だよ。
テストのときに文章を読まなくても解けるくらいに、教材の内容をしっかり頭に入れておこう!

ター坊

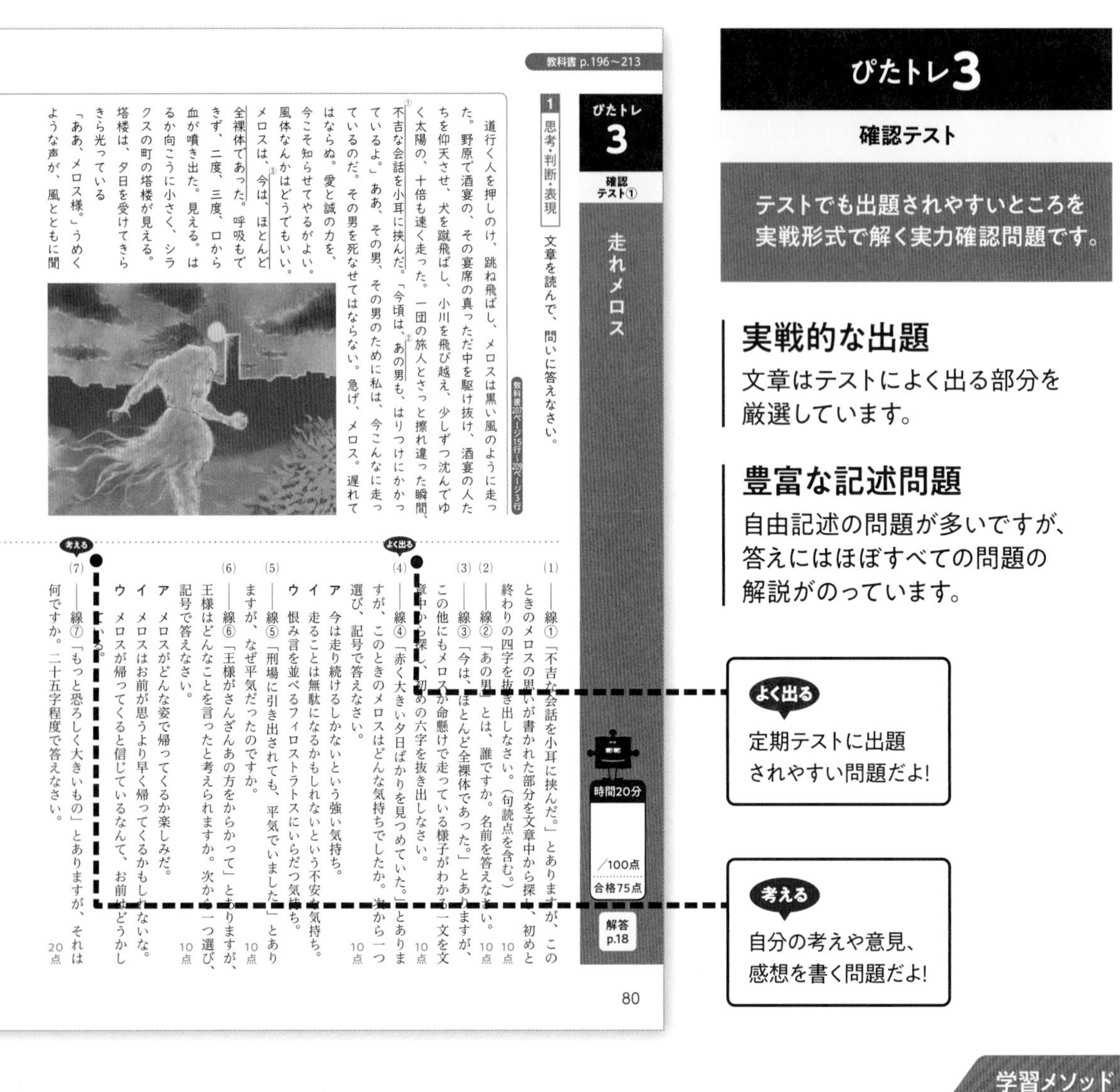

学習メソッド

STEP1 応用力を身につける

ぴたトレ3では記述問題を中心に難易度の高い問題が出題される。時間を計って実力を確認しよう。

←

STEP2 理解を深める

間違えた問題は必ず解答解説を確認して、本番でも解けるように理解を深めておこう。

←

STEP3 本番前の最終確認

巻末の「定期テスト予想問題」をテスト直前に解いておこう。
余裕（よゆう）があれば音読をもう一度、新出漢字はmini bookを確認して確実に得点できるようにしよう。

ぴたトレ3には「観点別評価」も示されてるよ! これなら内申点も意識できるね!

ピー助

教科書 p.196〜230

定期テスト予想問題 14

走れメロス

文章を読んで、問いに答えなさい。

時間15分 ／100点 合格75点

解答 p.32

　ふと耳に、せんせん、水の流れる音が聞こえた。そっと頭をもたげ、息をのんで耳を澄ました。すぐ足元で、水が流れているらしい。よろよろ起き上がって、見ると、岩の裂け目からこんこんと、①何か小さくささやきながら清水が湧き出ているのである。その泉に吸い込まれるようにメロスは身をかがめた。水を両手ですくって、一口飲んだ。ほうと長いため息が出て、夢から覚めたような気がした。歩ける。行こう。肉体の疲労回復とともに、僅かながら②希望が生まれた。義務遂行の希望である。我が身を殺して、名誉を守る希望である。斜陽は赤い光を木々の葉に投じ、葉も枝も燃えるばかりに輝いている。日没までには、まだ間がある。私を待っている人があるのだ。少しも疑わず、静かに期待してくれている人があるのだ。私は信じられている。私の命なぞは問題ではない。死んでおわびなど、と、気のいいことは言っておられぬ。私は信頼に報いなければならぬ。③今はただその一事だ。走れ！　メロス。
　④私は信頼されている。私は信頼されている。先刻の、あの悪魔のささやきは、あれは夢だ。悪い夢だ。忘れてしまえ。五臓が疲れているときは、ふいとあんな悪い夢を見るものだ。メロス、おまえの恥ではない。やはり、おまえは真の勇者だ。再び立って走れるようになったではないか。ありがたい！　私は正義の士として死ぬことができるぞ。ああ、日が沈む。ずんずん沈む。待ってくれ、ゼウスよ。私は生まれたときから正直な男であった。正直な男のままにして死なせてください。

太宰 治「走れメロス」より

(1) ——線①「何か小さくささやきながら」とありますが、ここに用いられている表現技法は何ですか。次から一つ選び、記号で答えなさい。 20点

ア 倒置　イ 直喩　ウ 擬人法

(2) ——線②「希望」とありますが、どのような希望ですか。文章中から二つ、七字で抜き出しなさい。 各15点

(3) ——線③「今はただその一事だ。」とありますが、「その一事」とはどんなことですか。文章中の言葉を用いて、十字以内で答えなさい。 25点

(4) ——線④「私は信頼されている。私は信頼されている。」とありますが、メロスはなぜ同じ言葉を二度繰り返しているのですか。簡潔に答えなさい。 25点

(1)	(2)	(3)	(4)

119

定期テスト予想問題

テスト直前に解くことを意識した1ページ完結の実力テスト問題です。

- 全15回収録のテスト問題です。
- 読解問題を中心に、教材によっては文法問題も出題されます。

通知表と観点別評価

学校の通知表は
- 知識及び技能
- 思考力・判断力・表現力
- 主体的に学習に取り組む態度

といった観点別の評価をもとに作成されています。

本書では、観点別の評価問題を取り上げ、成績に直接結び付くようにしました。

［ぴたトレが支持される3つの理由!!］

1 35年以上続く超ロングセラー商品

昭和59年の発刊以降、教科書改訂(かいてい)にあわせて教材の質を高め、多くの中学生に使用されてきた実績があります。

2 教科書会社が制作する唯一の教科書準拠(じゅんきょ)問題集

教科書会社の編集部が問題集を作成しているので、授業の進度にあわせた予習・復習にもぴったり対応しています。

3 日常学習〜定期テスト対策まで完全サポート

部活などで忙しくても効率的に取り組むことで、テストの点数はもちろん、成績・内申点アップも期待できます。

ぴたトレ 1
要点チェック

朝のリレー

谷川俊太郎

解答 p.1

1 重要語句 正しい意味を下から選び、記号で答えなさい。

①（　　）リレー　　ア　聞くことに意識を集中させる。
②（　　）経度　　イ　地球上の東西の位置を表す目盛り。
③（　　）耳をすます　　ウ　順々に受け継いで、次の人にわたすこと。

2 詩の種類と連 詩の用語・形式上の種類と連数を答えなさい。

①種類（　　）　②連数（　　）連

3 地名・時間帯 詩に出てくる順に、具体的な地名と、そこが朝か夜かを書きなさい。

	地名	時間帯
①	（　　）	（　　）
②	（　　）	（　　）
③	（　　）	（　　）
④	（　　）	（　　）

具体的な地名の地図上の位置を確かめよう。また、えがかれた情景を想像しながら音読しよう。

スタートアップ

「朝のリレー」について

☑作者…谷川俊太郎
☑用語・形式上の種類
…口語自由詩（現在使われている言葉で書かれた、行数や音数に一定の決まりがない詩。）

詩の内容

☑第一連…具体的な地名を挙げ、夜と朝を対比させながら、いつもどこかで朝が始まっていることを述べる。
☑第二連…第一連を受けて、自分の考えをまとめている。

詩の表現の工夫

☑第一連…「一・二行目」と「三・四行目」、「五・六行目」と「七・八行目」に対句（言葉を形や意味が対応するように並べる方法）が用いられ、ほぼ同じ音数をくり返すことで、リズムが生まれている。
☑第二連…「ぼくら」という言葉を用いて、詩のテーマを「自分たち自身のこと」と意識付けをしている。

詩のテーマ

☑地球を一つの共同体として自覚し、人間どうしが連帯感をもって生きることの大切さを説く。

ぴたトレ 2

練習

朝のリレー

タイムトライアル 8分

解答 p.1

1 読解問題 詩を読んで、問いに答えなさい。

教科書 巻頭詩

朝のリレー　　谷川 俊太郎

カムチャツカの若者が
きりんの夢を見ているとき
メキシコの娘(むすめ)は
朝もやの中でバスを待っている
ニューヨークの少女が
ほほえみながら寝(ね)がえりをうつとき
ローマの少年は
柱頭を染める朝陽(あさひ)にウインクする
この地球では
いつもどこかで朝がはじまっている

ぼくらは朝をリレーするのだ
経度から経度へと
そうしていわば交替(こうたい)で地球を守る
眠(ねむ)る前のひととき耳をすますと
どこか遠くで目覚(めざま)し時計のベルが鳴ってる
それはあなたの送った朝を
誰(だれ)かがしっかりと受けとめた証拠(しょうこ)なのだ

(1) この詩の構成として当てはまるものを次から一つ選び、記号で答えなさい。

ア 文語自由詩で、第一連と第二連が独立した内容になっている。
イ 口語自由詩で、第一連を受けて第二連で作者の考えをまとめている。
ウ 口語自由詩で、全て空想的な内容になっている。

ヒント 今の言葉を「口語」、昔の言葉を「文語」というよ。

（　　）

(2) 第一連では「夜」と「朝」が対比されていますが、「夜」と「朝」を表現している言葉を、それぞれ四字以内で二つずつぬき出しなさい。

夜 □□□□・□□□□
朝 □□□□・□□□□

ヒント 「夜」にすること、「朝」の情景がわかる言葉を探そう。

(3) 第二連の終わりの二行「それはあなたの……証拠なのだ」とは、どんな意味ですか。次から一つ選び、記号で答えなさい。

ア 朝は誰にも平等にやってくるということ。
イ 人類全体がつながっているということ。
ウ 朝は必ず起きなければならないということ。

（　　）

ヒント 「送った朝を」「受け止める」という表現から考えよう。

ぴたトレ 1 要点チェック

野原はうたう

工藤直子(くどうなおこ)

解答 p.1

スタートアップ

「あしたこそ」

● 語り手…たんぽぽ

● 季節…春

☑ 第一連の一行目と二行目は八音＋五音、三行目と四行目は七音＋五音。ほぼ同じ音数をくり返すことで、詩にリズムが生まれている。

☑ 第二連では言葉の順番を変えて、出会いを求めて「とんでいこう」という気持ちを強調している。

「おれはかまきり」

● 語り手…かまきり

● 季節…夏

☑ 第一連と第二連の各行がほぼ同じ音数で、詩にリズムが生まれている。

☑ 連の最初の「おう」という呼びかけと、「……ぜ」という言葉によって、かまきりの力強さを表している。

二つの詩に共通するテーマ

☑ 野原の生き物を作者として、それぞれの生きる姿や自然の様子を豊かにえがいている。

1 重要語句 正しい意味を下から選び、記号で答えなさい。

① (　　) まいあがる　ア 頭の上にふり上げる。

② (　　) ふりかざす　イ まうようにして、高く上がる。

2 詩の作者と連の数 詩の作者名と連数を答えなさい。

① あしたこそ…作者名 (　　　　) 連数 (　　) 連

② おれは　かまきり…作者名 (　　　　) 連数 (　　) 連

3 詩の特徴 当てはまる言葉を後から選んで書きなさい。

① 詩は全て (　　　　) で書かれている。

② (　　　　) にいる生き物の思いが、(　　　　) な言葉で、すなおに表されている。

片仮名　平仮名　平易　平原　野原　難解

詩は音読が基本だよ。詩のリズムや呼びかけなどに気をつけて、音読しよう。

ぴたトレ
2
練習

野原はうたう

1 読解問題 詩を読んで、問いに答えなさい。

あしたこそ　　たんぽぽ はるか

ひかりを おでこに
くっつけて
はなひらく　ひを
ゆめにみて
たんぽぽわたげが
まいあがります

とんでいこう　どこまでも
あした
たくさんの「こんにちは」に
であうために

工藤 直子「野原はうたう」〈「のはらうた」〉より

教科書14ページ

タイムトライアル 8分

解答 p.1

(1) 第一連の一行目から四行目は、どんな調子で朗読すればよいですか。次から一つ選び、記号で答えなさい。

ア 低くしずんだ調子で読む。
イ リズムを生かして軽快な調子で読む。
ウ おどおどと不安な調子で読む。

ヒント 八音＋五音と七音＋五音のくり返しだよ。

（　　）

(2) 第二連で用いられている表現とその効果について、当てはまるものを次から一つ選び、記号で答えなさい。

ア あえて難しい言葉を使うことで、意味を深めている。
イ 言葉の順番を変えて、決意を強調している。
ウ 同じ言葉をくり返すことで思いを強調している。

ヒント ふつうの言い方だと、どんなふうに言うかな。

（　　）

(3) この詩では、どんなたんぽぽの様子がえがかれていますか。次から一つ選び、記号で答えなさい。

ア これからの出会いよりも、過去の思い出を大切にしようとしている様子。
イ これからの出会いに不安を感じ、気弱になっている様子。
ウ これからの出会いを想像して、希望にあふれている様子。

ヒント 「とんでいこう」「であうために」に着目しよう。

（　　）

ぴたトレ1 要点チェック

シンシュン（比較・分類）

西加奈子（にしかなこ）

解答 p.1

1 新しく習った漢字　読み仮名を書きなさい。

①驚く（　）　②僕（　）　③嫌い（　）　④牛丼（　）
⑤靴下（　）　⑥違う（　）　⑦振る（　）　⑧怒る（　）
⑨殴る（　）　⑩悔しい（　）　⑪黙る（　）　⑫離れる（　）
⑬怖い（　）　⑭謝る（　）　⑮比較（　）　⑯捉える（　）
⑰甘い（　）　⑱坊や（　）　⑲類似（　）　⑳椅子（　）
㉑付箋（　）　㉒傷む（　）　㉓検索（　）　㉔特徴（　）

2 重要語句　正しい意味を下から選び、記号で答えなさい。

①（　）うっとうしい　**ア** なげかわしい。みじめだ。
②（　）情けない　**イ** じゃまになって、うるさい。

3 主な登場人物　物語に出てくる人物名を書きなさい。

①（　）…物語の主人公。僕。中学一年生。
②（　）…主人公の友達。主人公と見た目も好みもよく似ていて、双子（ふたご）のようだった。

4 場面の展開　当てはまる言葉を書きなさい。

①出会い…中学の（　）。
②気まずくなった出来事…国語の（　）についての感想が違ったこと。
③前よりおしゃべりになったきっかけ…「僕」が勇気を出して（　）こと。

得点UPポイント

表情や心情を表す言葉から気持ちを読み取る！

☑ 登場人物の表情にはそのときの気持ちが表れる。
☑ 表情を表す表現から、そのときの人物の気持ちを考えよう。

左の文章では、シンタの気持ちがその表情に表れているよ。

ぴたトレ 2 練習

シンシュン

タイムトライアル 8分

解答 p.1

1 読解問題 文章を読んで、問いに答えなさい。

教科書23ページ14行～24ページ9行

休み時間、僕はいつものようにシンタの席へ行った。待ち切れなかった。①わくわくしながら小説の話を切りだすと、シンタは顔をしかめた。

「あれ、嫌いだ。」

②頭をがつんと殴られたような気がした。

「暗くてさ。何が書きたいんだろう。」

僕は思わず、シンタといっしょにうなずいた。

③「そうだよな。僕も嫌い。」

その日は、ずっと苦しかった。

僕が好きなものを、シンタが嫌いと言ったことが悲しかった。「僕は好きだ。」と言えなかったことが悔しかった。でも、シンタと違う自分は嫌だった。僕たちは好きなものや嫌いなものが同じだから「シンシュン」コンビなんだ。違うところがあれば、僕らはきっといっしょにいられなくなる。それは嫌だった。絶対に嫌だった。

西 加奈子「シンシュン」より

(1) ――線①「わくわくしながら」話を切りだした「僕」に対して、シンタはどんな表情を見せましたか。文章中から六字でぬき出しなさい。

ヒント 「嫌いだ。」というシンタの気持ちが表れた表情だよ。

(2) ――線②「頭をがつんと殴られたような気がした。」とありますが、そのときの「僕」はどんな気持ちになったのですか。次から一つ選び、記号で答えなさい。

ア ひどく驚いた気持ち。

イ 怒りの気持ち。

ウ さびしい気持ち。

（　　）

ヒント シンタから、予想もしなかった言葉が返ってきたよ。

(3) ――線③「そうだよな。僕も嫌い。」とありますが、「僕」がそう言った理由を、「～から。」に続くように十三字でぬき出しなさい。

から。

ヒント 「僕」は「シンシュン」コンビのことを大切に思っているよ。

ぴたトレ **3** 確認テスト

シンシュン

時間20分
／100点
合格75点
解答 p.1

1 思考・判断・表現　文章を読んで、問いに答えなさい。

教科書25ページ7行～27ページ11行

そうきいてきた。僕はそのときこう思った。ああ、けんかできたら楽だろうな。何もしていないのに、こんなふうに気まずくなるなんて。僕は自分が情けなかった。そうだ、どうせなら、①ちゃんとけんかしよう。勇気がいることだったけど、こうやって気まずいよりはましだ。②僕はシンタに話しかけた。

「シンタ。」

シンタは僕を見た。ちょっと怖がっているみたいに見えた。

「僕、あの小説が好きなんだ。」

「え？」

「あの、国語の小説。」

覚えていないかもしれない。急にこんなことを言うのは変だ。でも、③そこから話をするしかなかった。僕は必死だった。だから、

「覚えているよ。」

シンタがそう言ってくれたときは驚いた。それから、こう続けたときも。

「僕が嫌いって言ったとき、シュンタが傷ついたのもわかった。」

気づいていたんだ。謝ろうとした僕より先に、シンタが「ごめん。」と言った。

「僕たち、あれからちょっとおかしいよな。ちょっとっていうより、だいぶ。」

よく出る

(1) ――線①「ちゃんとけんかしよう。」とは、どんなことを言っているのですか。次から一つ選び、記号で答えなさい。　10点

ア　自分の考えを相手に強引に認めさせること。
イ　自分の思いをきちんと打ち明け、しっかり話し合うこと。
ウ　とりあえず話しかけて、相手の反応を見ること。

(2) ――線②「僕はシンタに話しかけた。」とありますが、そのときのシンタの反応を、「僕」はどう感じましたか。文章中から十三字で抜き出しなさい。　10点

(3) ――線③「そこから話をするしかなかった。」とありますが、「僕」はどんなことから話し始めましたか。十五字以内にまとめて答えなさい。　10点

(4) ――線④「つまらないことばかり話してさ。」とありますが、シンタが「つまらないことばかり」を話した理由を文章中の言葉を用いて二つ答えなさい。　各10点

(5) ――線⑤「僕は気にしなかった。」、⑥「シンタも、気にしていなかった。」とありますが、このことから二人のどんな気持ちがわかりますか。次から一つ選び、記号で答えなさい。　10点

ア　周囲のことより、今は二人できちんと話し合おうという気持ち。
イ　興味本位な周囲の視線にいら立つ気持ち。
ウ　周囲のみんなを不安がらせないようにしようという気持ち。

考える

(6) ――線⑦「僕たちは……おしゃべりになった。」とありますが、それはなぜですか。「違う」という言葉を用いて答えなさい。　20点

「うん。なんか。」

「④つまらないことばかり話してさ。」

「本当にそうだね。」

シンタと僕が久しぶりに話をしているのを、クラスメイトたちが見ているのがわかった。

でも、⑤僕は気にしなかった。

「僕、シンタと違うところを発見するのが怖かったんだ。」
⑥シンタも、気にしていなかった。
「僕も！」

思ったより、大きな声が出たのだろう。シンタは照れくさそうに笑った。

「またシュンタを傷つけるのも怖かったしさ。」

シンタのその笑顔（えがお）が、僕は好きだった。大好きだった。

「傷つかないよ。」

「え？」

「僕の好きなものをシンタが嫌いでも、僕は傷つかないよ。あ、うん、傷つくかもしれないけど、でも、じゃあ、だからこそ話そうよ。どうして好きなのか、どうして嫌いなのか。」

シンタはまっすぐ僕を見た。僕もシンタをまっすぐに見た。僕たちはそっくりだった。

「うん。話そう。」

そっくりだけど、全然違う人間なのだった。

「話そう。たくさん。」
⑦僕たちはそれから、前にもましておしゃべりになった。

西 加奈子「シンシュン」より

2 ――線の片仮名を漢字で書きなさい。 各5点

① ダマって話を聞く　② 年のハナれた兄弟。
③ からかわれてオコる。　④ パソコンでケンサクする。

1						2	
(1)	(2)	(3)	(4)	(5)	(6)	①	③
						②	④

ぴたトレ 1 要点チェック

漢字1 漢字の組み立てと部首
（漢字に親しもう 1）

解答 p.2

1 新しく習った漢字 読み仮名を書きなさい。

①癖（　） ②扱う（　） ③劣等感（　） ④起訴（　）
⑤頑固（　） ⑥破片（　） ⑦汚染（　） ⑧安泰（　）
⑨明星（　） ⑩上昇（　） ⑪速やか（　） ⑫水墨画（　）
⑬和む（　） ⑭稽古（　） ⑮集う（　） ⑯和らぐ（　）
⑰専ら（　） ⑱陶芸（　） ⑲捻挫（　） ⑳打撲（　）
㉑拒否（　） ㉒一括（　） ㉓緯度（　） ㉔紡績（　）

2 重要語句 正しい意味を下から選び、記号で答えなさい。

①（　）恭順　ア 明るくかがやく星。特に金星。
②（　）明星　イ つつしみ従うこと。

スタートアップ

漢字の組み立て

☑漢字は、二つの部分を組み立てたものが多い。
例 人＋木→休　田＋心→思

☑漢字を組み立てている部分は位置によって次の七つに分類される。
へん　つくり　かんむり　あし　たれ　にょう　かまえ

☑これらの部分は、その漢字のおおまかな意味を表し、よび名がつけられているものもある。
例 語→言（ごんべん）〈意味〉言葉
利→刂（りっとう）〈意味〉刀・切る
庫→广（まだれ）〈意味〉家・屋根

漢字の部首

☑漢和辞典では、似た部分をもつ漢字を集めて同じ部類にまとめてある。このときの似た部分を**部首**という。
例 水（みず）　水
氺（したみず）　泉・求・泰
氵（さんずい）　決・江・海
}「水」という部首

部首の扱いは漢和辞典によって違うことがあるよ。

漢字1 漢字の組み立てと部首

タイムトライアル 10分

解答 p.2

1 漢字の組み立てについて、答えなさい。

(1) 漢字の組み立てのうえで、次の■部分につけられているよび名を答えなさい。

① ② ③ ④ ⑤ ⑥ ⑦

(2) 次の漢字のグループの共通した部分は、どんな意味を表していますか。後から一つ選び、記号で答えなさい。

① 国　困　回
② 判　別　前
③ 超　起　越

ア 囲む	イ 走る	ウ 切る

(3) 次の漢字に共通してつく部首のよび名を後から一つ選び、記号で答えなさい。

① 寸　由　女
② 刀　束　車
③ 大　木　井

ア きへん	イ さんずい	ウ うかんむり
エ しんにょう	オ やまいだれ	カ くにがまえ

2 漢字の部首について、答えなさい。

(1) 次の漢字のグループは、何という部首にまとめられていますか。それぞれ漢字一字で答えなさい。

① 緯　索　線　素
② 怒　怖　悔　恭
③ 挙　担　承　投
④ 灰　照　焼　熱

(2) 次の漢字のA部首と、B部首の名前を書きなさい。

① 腎　② 頑
③ 襟　④ 疲

1					
(1) ①	(1) ②	(1) ③	(1) ④	(2) ①	(2) ②
(1) ⑤	(1) ⑥	(1) ⑦	(2) ③		

2								
(1) ①	(1) ②	(1) ③	(1) ④					
(2) ① A	(2) ① B	(2) ② A	(2) ② B	(2) ③ A	(2) ③ B	(2) ④ A	(2) ④ B	
(3) ①	(3) ②	(3) ③						

ぴたトレ 1

要点チェック

ダイコンは大きな根？

稲垣（いながき）栄洋（ひでひろ）

解答 p.3

1 新しく習った漢字 読み仮名を書きなさい。

①茎（　）②双葉（　）③伸びる（　）④軸（　）
⑤跡（　）⑥辛い（　）⑦知恵（　）⑧細胞（　）
⑨破壊（　）⑩抑える（　）⑪魅力（　）

2 重要語句 正しい意味を下から選び、記号で答えなさい。

①（　）器官　　ア もっている力を出す。
②（　）いっぽう　　イ 将来。
③（　）いずれ　　ウ 後の用のためにためておく。
④（　）たくわえる　　エ もう一つのほうでは。
⑤（　）発揮する　　オ 食い止める。
⑥（　）抑える　　カ 特に深い考えもない。
⑦（　）何気ない　　キ 生物の体の中で、ある決まった働きをしているもの。

3 文章構成と役割 段落の役割を、後から選んで書きなさい。

①初め（　）…第一段落
②中（　）…第二～第九段落
③終わり（　）…第十段落

まとめ　導入　問いと答え

4 ダイコンのつくり 次の部分の器官の名前を書きなさい。

①（　）…ダイコンの上のほう
②（　）…ダイコンの下のほう

得点UPポイント

文章の中心的な部分を捉える！

☑ 説明的文章では、「問い」の段落と「答え」の段落がある部分が中心となる。
☑ 「問い」の内容と、それに対する具体的な説明による「答え」を読み取る。

左の文章では「問い」とその「答え」が書かれているよ。

ぴたトレ 2
練習

ダイコンは大きな根？

タイム トライアル 10分

解答 p.3

1 読解問題 文章を読んで、問いに答えなさい。

教科書42ページ5行～43ページ9行

それでは、私たちが普段(ふだん)食べているダイコンの白い部分はどの器官なのでしょうか。漢字で「大根」と書くくらいですから、根のように思うかもしれませんが、そんなに単純ではありません。

その疑問に答えるために、ダイコンの芽であるカイワレダイコンを見ながら考えてみます。カイワレダイコンは、双葉と根、その間に伸びた胚(はい)軸とよばれる茎から成り立っています。根の部分には、種から長く伸びた主根(しゅこん)と、主根から生えている細いひげのような側根(そっこん)があります。

これに対して、私たちが食べるダイコンをよく見てみると、下のほうに細かい側根が付いていたり、側根の付いていた跡に穴が空いていたりするのがわかります。ダイコンの下のほうは主根が太ってできているのです。いっぽう、ダイコンの上のほうを見ると、側根がなく、すべすべしています。この上の部分は、根ではなく胚軸が太ったものです。つまり、ダイコンの白い部分は、根と胚軸の二つの器官から成っているのです。

稲垣 栄洋「ダイコンは大きな根？」〈「キャベツにだって花が咲く」を、教科書のために書き改めたもの〉より

(1) この文章で、「問い」を投げかけている段落はどれですか。また、それがわかる一文の、初めの五字をぬき出しなさい。（句読点をふくむ。）

第□段落

□□□□□

ヒント 疑問を表す文末表現が使われている文を探そう。

(2) 「問い」にわかりやすく答えるために、何を例に挙げて説明していますか。文章中から十七字でぬき出しなさい。

□□□□□□□□□□□□□□□□□

ヒント 「その疑問に答えるために」何と比較しているかな？

(3) 「問い」に対する「答え」を示している段落はどれですか。また、その「答え」の部分を文章中から十字でぬき出しなさい。

第□段落

□□□□□□□□□□

ヒント ダイコンのつくりを説明した段落と、「つまり」に着目しよう。

ぴたトレ 3

確認テスト

ダイコンは大きな根？

時間20分

／100点

合格75点

解答 p.3

1 思考・判断・表現

文章を読んで、問いに答えなさい。

教科書42ページ8行～44ページ12行

その疑問に答えるために、ダイコンの芽であるカイワレダイコンを見ながら考えてみます。カイワレダイコンは、双葉と根、その間に伸びた胚軸とよばれる茎から成り立っています。根の部分には、種から長く伸びた主根と、主根から生えている細いひげのような側根があります。

これに対して、私たちが食べるダイコンをよく見てみると、下のほうに細かい側根が付いていたり、側根の付いていた跡に穴が空いていたりするのがわかります。ダイコンの下のほうは主根が太ってできているのです。いっぽう、ダイコンの上のほうを見ると、側根がなく、すべすべしています。この上の部分は、根ではなく胚軸が太ったものです。つまり、ダイコンの白い部分は、根と胚軸の二つの器官から成っているのです。

この二つの器官は、じつは味も違っています。なぜ、違っている

(1) ダイコンの上のほうと下のほうは、それぞれ何という器官ですか。文章中から漢字二字以内でぬき出しなさい。 各5点

(2) ——線①「胚軸の部分は水分が多く、甘みがある」とありますが、それはなぜですか。その理由が書かれた部分を文章中から五十四字で探し、初めと終わりの四字をぬき出しなさい。（句読点をふくむ。） 10点

(3) よく出る ——線②「ダイコンは下にいくほど辛みが増していきます。」とありますが、それはなぜですか。理由を述べた次の文の（　）に当てはまる言葉を答えなさい。 各5点

根には、（①）時期に使う葉で作られた（②）が運ばれてくるので、（③）から身を守るために、根に（④）をたくわえているから。

(4) 最後の段落で述べられていることを簡潔に表現した言葉があります。文章中から五字でぬき出しなさい。 10点

(5) よく出る この文章の特徴を述べた文として、適切なものはどれですか。次から二つ選び、記号で答えなさい。 各5点

ア いろいろなたとえを使ってわかりやすくしている。

イ 「問い」に対する「答え」を述べることで、説明をわかりやすくしている。

ウ 一文を短くして文章全体にリズムをもたせている。

エ 比較を用いて、それぞれの特徴を理解しやすくしている。

(6) 考える 文章中で述べられているダイコンの特徴を活用して、どんなことができますか。「ダイコン」「部分」「味」という言葉を用いて答えなさい。 20点

のでしょう。
①胚軸の部分は水分が多く、甘みがあるのが特徴です。胚軸は、地下の根で吸収した水分を地上の葉などに送り、葉で作られた糖分などの栄養分を根に送る役割をしているからです。
いっぽう、根の部分は辛いのが特徴です。②ダイコンは下にいくほど辛みが増していきます。ダイコンのいちばん上の部分と、いちばん下の部分を比較すると、下のほうが十倍も辛み成分が多いのです。ここには、植物の知恵ともいえる理由がかくされています。
根には、葉で作られた栄養分が豊富に運ばれてきます。これは、いずれ花をさかせる時期に使う大切な栄養分なので、土の中の虫に食べられては困ります。そこで、虫の害から身を守るため、辛み成分をたくわえているのです。ダイコンの辛み成分は、普段（ふだん）は細胞の中にありますが、虫にかじられて細胞が破壊されると、化学反応を起こして、辛みを発揮するような仕組みになっています。そのため、たくさんの細胞が壊れるほど辛みが増すことになります。

稲垣　栄洋「ダイコンは大きな根？」
〈「キャベツにだって花が咲く」を、教科書のために書き改めたもの〉より

2　――線の片仮名を漢字で書きなさい。　各5点

① 花のクキを切りそろえる。
② 身長がノびる。
③ 反対意見をオサえる。
④ ミリョクのある文章。

1 (1)	1 (2)	1 (3)	1 (4)	1 (5)	1 (6)	2
上のほう　下のほう	～	①　②　③　④				①　②　③　④

ぴたトレ 1

要点チェック

ちょっと立ち止まって
（意見と根拠）

桑原茂夫（くわばらしげお）

解答 p.4

1 新しく習った漢字　読み仮名を書きなさい。

①指摘（　）　②浮かぶ（　）　③影絵（　）　④架かる（　）
⑤珍しい（　）　⑥奥（　）　⑦顎（　）　⑧化粧（　）
⑨座る（　）　⑩秀麗（　）　⑪露出（　）　⑫荒々しい（　）
⑬縛る（　）　⑭試す（　）　⑮距離（　）　⑯根拠（　）
⑰基づく（　）　⑱込む（　）　⑲信頼（　）　⑳確認（　）
㉑基礎（　）

2 重要語句　正しい意味を下から選び、記号で答えなさい。

①（　）背景　　ア　主になる題材の後ろや周りにあるもの。
②（　）秀麗　　イ　すぐれてうるわしいこと。

3 文章構成　この文章の構成（三つのまとまり）を書きなさい。

①（　）……第一段落（話題提示）
②（　）……第二～第五段落（事例1）／第六・第七段落（事例2）／第八・第九段落（事例3）
③（　）……第十段落（筆者の主張）

得点UPポイント

本論の内容と、その役割をおさえる！

☑この文章の本論は、事例ごとに三つに分けられる。
●「ルビンのつぼ」／公園の池に架かっている橋と少女
⬇中心に見るもので、見えるものが変わることの事例
●若い女性かおばあさんの絵
⬇見ている絵を別の絵と見るのは難しいことの事例
●女性かどくろの絵／富士山／ビル
⬇見る距離で、絵やものの印象が変わることの事例
☑三つの事例によって、筆者の主張がわかりやすく、より共感・納得（なっとく）しやすいものになっている。

左の文章では、図や具体的な例が用いられている。筆者はその例で何を述べようとしたのかを捉えよう。

ちょっと立ち止まって

タイムトライアル 10分

解答 p.4

1 読解問題

文章を読んで、問いに答えなさい。

教科書47ページ2行～16行

この図の場合、つぼを中心に見ているときは、見えているはずの二人の顔が見えなくなり、二人の顔を中心に見ると、一瞬（いっしゅん）のうちに、目からつぼの絵が消え去ってしまう。

①このようなことは、日常生活の中でもよく経験する。今、公園の池に架かっている橋の辺りに目を向けているとしよう。すると、橋の向こうから一人の少女がやって来る。目はその少女に引きつけられる。このとき、橋や池など周辺のものは全て、単なる②背景になってしまう。カメラでいえば、あっという間に、ピントが少女に合わせられてしまうのである。ところが逆に、その橋の形が珍しく、それに注目しているときは、その上を通る人などは③背景になってしまう。

見るという働きには、④思いがけない一面がある。一瞬のうちに、中心に見るものを決めたり、それを変えたりすることができるのである。

桑原 茂夫「ちょっと立ち止まって」〈「だまし絵百科」を、教科書のために書き改めたもの〉より

(1) ――線①「このようなこと」とは、どんなことですか。次から一つ選び、記号で答えなさい。

ア 図の真ん中ばかりを見て、外側は無視してしまうこと。
イ 中心に見ているもの以外は、見えなくなってしまうこと。
ウ 二つのものを同時に見ること。

（　　）

ヒント 「このようなこと」は、直前の段落の内容を指すよ。

(2) ――線②・③「背景になってしまう。」とありますが、それぞれの「背景になってしまう」ものは何ですか。文章中から十字以内でぬき出しなさい。

② ［　　　　　　　　　　］
③ ［　　　　　　　　　　］

ヒント それぞれの直前の部分に着目しよう。

(3) ――線④「思いがけない一面」とありますが、「見るという働き」の「思いがけない一面」とはどんな一面ですか。「～という一面。」に続くように文章中からぬき出しなさい。

（　　　　　　　　　　）という一面。

ヒント 前の二つの例を用いて、筆者が述べようとしていることだよ。

ぴたトレ 3

確認テスト

ちょっと立ち止まって

時間20分

／100点

合格75点

解答 p.4

1 思考・判断・表現

文章を読んで、問いに答えなさい。

教科書48ページ4行〜49ページ9行

だれでも、ひと目見て即座(そくざ)に、何かの絵と見ているはずだが、そうすると、①別の絵と見ることは難しい。若い女性の絵だと思った人には、おばあさんの絵は簡単には見えてこない。おばあさんの絵と見るためには、とりあえず、今見えている若い女性の絵を意識して捨て去らなければならない。

上の図を見てみよう。化粧台の前に座っている女性の絵が見えるであろう。ところがこの図も、②もう一つの絵をかくしもっている。目を遠ざけてみよう。すると、たちまちのう

よく出る

(1) ――線①「別の絵と見ることは難しい。」とありますが、別の絵と見るためには、どうすることが必要ですか。文章中の言葉を用いて答えなさい。 10点

(2) ――線②「もう一つの絵をかくしもっている。」について、答えなさい。

① 「もう一つの絵」とは、どんな絵ですか。文章中から九字でぬき出しなさい。 5点

② その絵はどのようにすると見えるのですか。文章中の言葉を用いて答えなさい。 10点

(3) ――線③「このこと」とは、どんなことですか。その内容が書かれた部分を探し、「〜こと。」に続くように初めと終わりの四字をぬき出しなさい。 10点

(4) 第三段落はどんな役割をしていますか。次から一つ選び、記号で答えなさい。 15点

ア 新たな問題を提起して、読み手に問いかけている。

イ 話題について別の角度から例を挙げて説明を展開している。

ウ 話題を大きく転換して、結論につなげようとしている。

(5) 筆者は、私たちのものの見方にはどんな欠点があると指摘していますか。それが書かれた一文を探し、初めの四字を抜き出しなさい。 10点

考える

(6) この文章で、筆者が述べたいことは何ですか。「同じ物」「見方」「発見」という言葉を用いて答えなさい。 20点

ちに、この図はどくろをえがいた絵に変わってしまう。同じ図でも、近くから見るか遠くから見るかによって、全く違う絵として受け取られるのである。

③このことは、なにも絵に限ったことではない。遠くから見れば秀麗な富士山も、近づくにつれて、岩石の露出した荒々しい姿に変わる。また、遠くから見ればきれいなビルも、近づいて見ると、ひび割れてすすけた壁(へき)面(めん)のビルだったりする。

私たちは、ひと目見たときの印象に縛られ、一面のみを捉えて、その物の全てを知ったように思いがちである。しかし、一つの図でも風景でも、見方によって見えてくるものが違う。そこで、物を見るときには、ちょっと立ち止まって、他の見方を試してみてはどうだろうか。中心に見るものを変えたり、見るときの距離を変えたりすれば、その物の他の面に気づき、新しい発見の驚きや喜びを味わうことができるだろう。

桑原 茂夫「ちょっと立ち止まって」
〈「だまし絵百科」を、教科書のために書き改めたもの〉より

2 ——線の片仮名を漢字で書きなさい。 各5点

① 漢字の誤りをシテキする。
② メズラしい果物を食べる。
③ 考えのコンキョを示す。
④ 英語のキソを学ぶ。

1							2			
(1)	(2) ①	(2) ②	(3)	(4)	(5)	(6)	①	②	③	④
			〜 こと。							

ぴたトレ 1

要点チェック

文法への扉1　言葉のまとまりを考えよう
（漢字に親しもう2）

解答 p.5

1 新しく習った漢字 読み仮名を書きなさい。

①圏内（　）②競う（　）③二塁手（　）④大技（　）
⑤喝采（　）⑥砲丸（　）⑦割く（　）⑧弓道（　）
⑨審判（　）⑩連覇（　）⑪海浜（　）⑫匹敵（　）
⑬喪失（　）⑭酢酸（　）⑮臼歯（　）⑯皆勤（　）
⑰光沢（　）

2 重要語句 正しい意味を下から選び、記号で答えなさい。

①（　）喝采　ア 物の表面の輝き。つや。
②（　）匹敵　イ 大声を上げ、手をたたいてほめること。
③（　）光沢　ウ 力や値打ちが同じ程度であること。

スタートアップ

「文法」とは

☑言葉に関する決まりのこと。
●言葉の組み立て方の順序、使われ方が決められている。

言葉の単位

☑意味や間の取り方によって、分けられるまとまり。
●文章・談話…複数の文が集まって、一まとまりの内容を表したもの。文章は文字、談話は音声で表される。
　∨
●段落…文章を内容によって区切ったまとまり。段落の初めは改行し、一字下げる。
　∨
●文…一まとまりの内容を表す一続きの言葉。文の終わりには「。（句点）」を付ける。
　∨
●文節…文を発音や意味のうえで不自然にならないように区切ったまとまり。
　∨
●単語…文節をさらに細かく分けた、言葉の最小単位。働きによって種類分けされる。

文節は、「ね」や「さ」を入れて区切ると、わかりやすいよ。

ぴたトレ 2 練習

文法への扉1 言葉のまとまりを考えよう

タイム トライアル 8分

解答 p.5

1

(1) 言葉の単位について、答えなさい。

大きい順に記号を並べなさい。

ア 段落 **イ** 文 **ウ** 文章・談話

エ 文節 **オ** 単語

(2) 次のものを、①文章と、②談話に分類し、記号で答えなさい。

ア 手紙 **イ** 演説 **ウ** 小説

エ 詩 **オ** 会話 **カ** 短歌

(3) 次の文章にある、①段落と、②文の数を、それぞれ漢数字で答えなさい。

暑い日が続くようになりました。おじいさん、おばあさん、元気にお過ごしですか。

私は中学生になって初めての夏休みに、やりたいことがたくさんあります。でも、小学校と違って宿題がたくさんあるので、遊んでばかりはいられません。部活動も二十日ぐらいあります。

それでも、八月のおぼんには、家族みんなでおじいさんの家にとまりに行きます。みんな、今から楽しみにしています。

日時が決まったら、改めてお知らせしますね。ではまた。

(4) 文節の区切り方が適切なものを一つ選び、記号で答えなさい。

ア 向こうに－見える－のが－私の－家だ。

イ 向こうに－見えるのが－私の－家だ。

ウ 向こうに－見える－のが－私の家だ。

(5) それぞれの文の文節の数を漢数字で答えなさい。

① 父は明日からアメリカに出張するそうだ。

② 駅まで走ったが、電車に乗りおくれてしまった。

(6) 単語の区切り方が適切なものを一つ選び、記号で答えなさい。

ア 雨－が－やん－で－太陽－が－出－た。

イ 雨－が－やんで－太陽－が－出た。

ウ 雨が－やんで－太陽が－出た。

(7) 次の文の単語の数を漢数字で答えなさい。

① バラの花がたくさんさいた。

② 右に曲がると中学校が見える。

1						
(1)	(2)	(3)	(4)	(5)	(6)	(7)
↓ ↓ ↓ ↓	①	①		①		①
	②	②		②		②

ぴたトレ 3 確認テスト

文法への扉1 言葉のまとまりを考えよう

時間20分 ／100点 合格75点 解答 p.6

1 言葉の単位について、答えなさい。

(1) 言葉の単位の説明として、適切なものをそれぞれ後から一つ選び、記号で答えなさい。 各4点

① 段落 ② 文 ③ 文節 ④ 単語

ア 発音や意味のうえで不自然にならないように文を区切ったまとまり。
イ 文章を内容ごとに区切ったまとまり。
ウ 言葉の最小単位。
エ 最後に句点がつく、ひとまとまりの内容を表す、一続きの言葉。

(2) 文節の区切り方が適切なものをそれぞれ一つ選び、記号で答えなさい。 各4点

① のどがかわいたので、冷たい水が飲みたい。
ア のどが－かわいたので、－冷たい水が－飲み－たい。
イ のどが－かわいた－ので、－冷たい－水が－飲み－たい。
ウ のどが－かわいたので、－冷たい－水が－飲みたい。
エ のどが－かわいた－ので、－冷たい－水が－飲みたい。

② 白い犬が庭を元気に走り回る。
ア 白い－犬が－庭を－元気に－走り－回る。
イ 白い－犬が－庭を－元気に－走り回る。
ウ 白い犬が－庭を－元気に－走り－回る。
エ 白い－犬が－庭を－元気－に－走り回る。

③ 母はいつもおいしい料理を作ってくれる。
ア 母は－いつも－おいしい－料理を－作ってくれる。
イ 母は－いつも－おいしい－料理を－作って－くれる。
ウ 母は－いつも－おいしい料理を－作ってくれる。
エ 母は－いつも－おいしい－料理－を－作って－くれる。

(3) 次の文を、例にならって文節に区切りなさい。 各5点

例 赤い－花が－きれいに－咲く。

① 今夜はとてもきれいな星空だ。
② となりの犬がワンワンほえている。
③ 議題について、みんなで話し合う。

(4) 次の文の文節の数を、漢数字で答えなさい。 各5点

① あそこにあるのが私の家です。
② この本は誕生日に父からもらった。
③ 前を走るランナーを一気に追いぬく。

(5) 単語の区切り方が適切なものをそれぞれ一つ選び、記号で答えなさい。 各4点

① 好きな花は白バラだ。
ア 好き－な－花－は－白バラだ。
イ 好きな－花－は－白バラ－だ。
ウ 好きな－花は－白バラだ。
エ 好き－な－花－は－白バラ－だ。

② 昨日姉と買い物に行った。

ア 昨日－姉－と－買い物－に－行っ－た。

イ 昨日－姉－と－買い－物－に－行った。

ウ 昨日－姉－と－買い物－に－行った。

エ 昨日－姉と－買い物に－行った。

③ この厚い本はだれのものですか。

ア この－厚い－本は－だれの－ものですか。

イ この－厚い－本は－だれ－の－もの－ですか。

ウ この－厚－い－本－は－だれ－の－もの－ですか。

エ この－厚い－本－は－だれ－の－もの－です－か。

(6) 次の文を、㊄にならって単語に区切りなさい。　**各5点**

㊄ 教室－の－中－は－とても－静かだ。

① 部屋にかけてある絵をながめる。

② 春になり、たくさんの花がさいた。

③ 計算して正確な数字を割り出す。

(7) 次の文の単語の数を、漢数字で答えなさい。　**各5点**

① 友達と話をしながら帰る。

② 山の頂上から日の出を見た。

③ 兄は明日京都に行くらしい。

1

(1) ① ② ③ ④

(2) ① ② ③

(3) ① 今夜はとてもきれいな星空だ。 ② となりの犬がワンワンほえている。 ③ 議題について、みんなで話し合う。

(4) ① ② ③

(5) ① ② ③

(6) ① 部屋にかけてある絵をながめる。 ② 春になり、たくさんの花がさいた。 ③ 計算して正確な数字を割り出す。

(7) ① ② ③

ぴたトレ 1 要点チェック

情報を集めよう／情報を読み取ろう／情報を引用しよう

1 新しく習った漢字 読み仮名を書きなさい。

①（　）絞る　②（　）請求　③（　）頭文字　④（　）哲学
⑤（　）欲しい　⑥（　）出納　⑦（　）占める　⑧（　）雪辱
⑨（　）抜く　⑩（　）彫刻　⑪（　）遵守

2 重要語句 正しい意味を下から選び、記号で答えなさい。

①（　）閲覧（えつらん）
②（　）統計
③（　）依然（いぜん）
④（　）過渡期（かとき）
⑤（　）継承
⑥（　）没後
⑦（　）遵守

ア　もとのままである様子。
イ　新聞・書物などを調べながら見ること。
ウ　法律や決まりなどに従い、守ること。
エ　死んだ後。死後。
オ　地位や身分、権利などを受け継ぐこと。
カ　物事が移り変わる途中の不安定な時期。
キ　同種類の集まりについて、特定の面から調べ、その結果を数字や表で表すこと。

スタートアップ

「情報を集めよう」
☑ 効果的に情報を集めるためには、調べる内容を絞り込むことが重要。
☑ 情報の調べ方
- 図書館で調べる。
- 人にきく。
- インターネットで検索する。

「情報を読み取ろう」
☑ グラフを読むときの留意点
- 統計の取り方➡調査の時期、対象、対象全体の数。
- 軸や目盛りの取り方➡一定で、単位が適切か。
- 数値の見せ方➡特定の数値だけ目立たせていないか。
- 統計の出典➡信頼できる機関や組織のものか。

☑ グラフの情報と文章の中の情報と関連付けて読み解く。

「情報を引用しよう」
☑ 引用するときの注意点
- 引用文と自分の文章を区別して書くこと。
- 出典を明記すること。
- 引用部分は必要最低限にすること。

引用のルールをしっかり覚えよう。

解答 p.6

ぴたトレ 2 練習

情報を集めよう／情報を読み取ろう／情報を引用しよう

タイムトライアル 8分

解答 p.6

1 「情報を集めよう」について、答えなさい。

(1) 情報の集め方にはどんな方法がありますか。□に当てはまる言葉を書き入れなさい。

□で調べたり、□にきいたり、□で検索したりする方法。

ヒント 情報を集めるとき、どんな方法を使うかな。

(2) 本の中の必要な情報を探すには、本のどの部分を見ればよいですか。二つ書きなさい。

（　　）（　　）

ヒント 本の大体の内容や重要な語句がまとめられている部分だよ。

(3) インターネットの情報の信頼性を判断するためには、どんなことが必要ですか。次から二つ選び、記号で答えなさい。

ア 著名人の発信した情報であるか確認すること。
イ 複数の情報を比較すること。
ウ 自分が正しいと信じている情報と比較すること。
エ だれが、どんな目的で発信したのか確認すること。

（　　）（　　）

ヒント どんなことを確認・比較すれば信頼性を確かめられるかな。

2 「情報を読み取ろう」について、答えなさい。

次のグラフの特徴を後から一つずつ選び、記号で答えなさい。

① 折れ線グラフ（　　）　② 円グラフ（　　）
③ 棒グラフ（　　）　④ 帯グラフ（　　）

ア 全体の割合を捉えやすい。
イ 数量の変化を捉えやすい。
ウ 全体の割合を比較しやすい。
エ 数量の大小を比較しやすい。

ヒント グラフの種類で読み取り内容が違ってくるよ。

3 「情報を引用しよう」について、答えなさい。

(1) 引用部分と自分の文章を区別するための方法を二つ答えなさい。

（　　）
（　　）

ヒント 引用文だということがはっきりわかるようにするんだよ。

(2) 引用する場合に、必ず明記しなければならないものを漢字二字で書きなさい。

□

ヒント 著作者の許可が必要ない場合でも、必ず示すものだよ。

ぴたトレ 1 要点チェック

詩の世界

1 新しく習った漢字 読み仮名を書きなさい。

①普通（　　） ②隅（　　） ③渡る（　　） ④弧（　　）
⑤砂漠（　　） ⑥咲く（　　） ⑦戻る（　　）

2 重要語句 正しい意味を下から選び、記号で答えなさい。

①（　）筋　　　　ア かたむける。ななめにする。
②（　）ことのほか　イ ほんの少し。やや。
③（　）心もち　　　ウ 大まかな話の展開。あらすじ。
④（　）かしげる　　エ とりわけ。たいそう。

3 詩の種類・特徴 当てはまる言葉を後から選んで書きなさい。

① 三つの詩の用語・形式上の種類は（　　　　）である。
② 三つの詩全てに（　　　　）が使われている。

口語定型詩　口語自由詩　句読点　たとえ

スタートアップ

「一枚の絵」について

☑表現の特徴

●比喩を用いて、水鳥の動きを「画家」のようだと表現している。

●第一連「湖水を／めぐった」、第二連「動きをとめた」のように、同じような言い回しを重ね、また、第一連「絵筆にして。」、第二連「サインのように。」と、言い切りを用いない形で終わらせることにより、リズムと余韻を生んでいる。

「朝」について

☑表現の特徴

●「ふれている」「まじわることなく」と、相反する言葉を用いることで、朝の空の雰囲気を表現している。

「未確認飛行物体」について

☑表現の特徴

●飛ぶはずのない薬缶を未確認飛行物体（ＵＦＯ）に見立て、その薬缶が飛んで砂漠の花に水をやりにいく姿を、ユーモラスに、温かく描いている。

情景を思い浮かべながら、音読してみよう。

解答 p.7

詩の世界

タイム トライアル 8分

解答 p.7

1 読解問題

次の詩を読んで、問いに答えなさい。

教科書68ページ～69ページ

①一枚の絵

木坂(きさか)涼(りょう)

一羽の水鳥が
ことのほか早く起きて
湖水を
めぐった。
画家きどりで
②足を
絵筆にして。
水面(みなも)に
③朝の色を配りおわると
水鳥は
湖水の隅で
動きをとめた。
自筆の
サインのように。

(1) ——線①「一枚の絵」とは何の様子をたとえたものですか。詩の中から二字で抜き出しなさい。

ヒント 「水鳥」はどこにいるのかな。

(2) ——線②「足を／絵筆にして。」とありますが、それは水鳥のどんな様子を表現していますか。次から一つ選び、記号で答えなさい。

ア 水鳥の足に水草がからまっている様子。
イ 水鳥が助走をつけて飛び立とうとしている様子。
ウ 水鳥の足がきれいな色に変わっていく様子。

（　　）

ヒント 「水鳥」は「足を絵筆にして」何をしたのかを読み取ろう。

(3) ——線③「朝の色を配りおわる」とありますが、これは湖の水面のどんな様子をたとえているのですか。次から一つ選び、記号で答えなさい。

ア 湖面にさざ波が立っている様子。
イ 湖面が朝日でキラキラかがやいている様子。
ウ 湖面に多くの水鳥たちが集まっている様子。

（　　）

ヒント 静まり返った湖面が「水鳥」によってどう変化したのかな。

ぴたトレ 1
要点チェック

比喩で広がる言葉の世界

森山卓郎（もりやま たくろう）

解答 p.7

1 新しく習った漢字　読み仮名を書きなさい。

①比喩（　　）　②揺れる（　　）　③帆（　　）　④事柄（　　）
⑤瞬時（　　）　⑥描く（　　）　⑦与える（　　）　⑧尽くす（　　）
⑨雷（　　）　⑩響く（　　）　⑪激烈（　　）　⑫迫力（　　）
⑬緊張（　　）　⑭輝く（　　）

2 重要語句　正しい意味を下から選び、記号で答えなさい。

①（　　）思い浮かべる
②（　　）瞬時
③（　　）思い描く
④（　　）尽くす
⑤（　　）激烈

ア　度を越えて激しいこと。
イ　ある限り出し切る。
ウ　わずかな時間。
エ　すでに知っている物事の形や状況などを心に呼び出す。
オ　まだ知らない事柄の形や状況などを心に描く。

3 「比喩」の定義　当てはまる言葉を後から選んで書きなさい。

・比喩とは、ある事柄を、（　　）のある（　　）事柄で表すことをいう。

同じ　別の　類似点　相違点

4 「比喩」の効果　当てはまる言葉を後から選んで書きなさい。

・比喩には、（　　）をわかりやすくする効果と、物事の（　　）を生き生きと印象づける効果がある。

形状　表現　特性　言葉

得点UPポイント

「比喩」の定義と使い方、効果を読み取る！

☑この文章では、「比喩」の定義と使い方、その効果、「比喩の発想」よって表現できるもの、「比喩」を使うことで表現を創造できることなどが説明されている。
☑「比喩」の定義と使い方をしっかりおさえ、「比喩」を使うことでどんなことが表現できるのかを読み取ろう。

左の文章では「あの人は歩く辞書だ」という比喩が出てくるよ。

比喩で広がる言葉の世界

解答 p.7

タイムトライアル 10分

1 読解問題 文章を読んで、問いに答えなさい。

教科書74ページ1行〜9行

このように、ある事柄を、似たところのある別の事柄で表すことを、比喩という。「ヨットのようだ」のように、「まるで」「ようだ」「みたいだ」などを使って表すこともあるが、「あの人は歩く辞書だ」のように、①それらの言葉を使わずに表現することもある。大切なことは、たとえるものと、たとえられるものとの間に共通点があり、それが広く共有されていることだ。蝶の羽は、ヨットの帆に形が似ている。だから、読者は瞬時に情景を思い描く。②「あの人は歩く辞書だ」と聞けば、「あの人」が豊富な知識をもち、たずねればいつでも必要な知識を与えてくれることが伝わってくる。辞書にはたくさんの言葉の意味がのっており、知りたいことがあるときに役立つものだと多くの人に共有されているからだ。

森山卓郎「比喩で広がる言葉の世界」より

(1) 比喩の定義が書かれた部分を探し、初めと終わりの四字を抜き出しなさい。

□□□□〜□□□□

ヒント 「比喩という」という表現に着目しよう。

(2) ──線①「それらの言葉」とはどんな言葉を指していますか。文章中から三つ抜き出しなさい。（符号はふくまない。）

（　　）（　　）（　　）

ヒント 比喩で表現するときに、よく使われる言葉だね。

(3) 比喩を使うときに大切なことは何ですか。それが書かれた部分を探し、初めと終わりの四字を抜き出しなさい。

□□□□〜□□□□

ヒント 「大切なことは」という言葉に着目しよう。

(4) ──線②「あの人は歩く辞書だ」という表現から、「あの人」がどんな人だということがわかりますか。

（　　）

ヒント 直後の部分に着目し、文末に注意して答えよう。

ぴたトレ 3 確認テスト

比喩で広がる言葉の世界

時間20分 ／100点 合格75点 解答 p.7

1 思考・判断・表現 文章を読んで、問いに答えなさい。

教科書74ページ1行～75ページ13行

このように、ある事柄を、似たところのある別の事柄で表すことを、①比喩という。「ヨットのようだ」のように、「まるで」「ようだ」「みたいだ」などを使って表すこともあるが、「②あの人は歩く辞書だ」のように、それらの言葉を使わずに表現することもある。大切なことは、たとえるものと、たとえられるものとの間に共通点があり、それが広く共有されていることだ。蝶の羽は、ヨットの帆に形が似ている。だから、③読者は瞬時に情景を思い描く。「あの人は歩く辞書だ」と聞けば、「あの人」が豊富な知識をもち、たずねればいつでも必要な知識を与えてくれることが伝わってくる。辞書にはたくさんの言葉の意味がのっており、知りたいことがあるときに役立つものだと多くの人に共有されているからだ。

したがって、相手がよく知っているものでたとえれば、未知のものでもわかりやすく説明することができる。例えば、図のような形の部品をあなたならどのように説明するだろうか。真ん中に穴の空いた丸いドーナツを相手が知っているならば、一言で「④ドーナツのような形」ということができる。しかし、もし比喩を使わないとしたら、言葉を尽くしても、伝えることは難しいのではないだろう

(1) ——線①「比喩」とありますが、比喩の定義として当てはまるものを次から一つ選び、記号で答えなさい。 5点

ア 「まるで」「ようだ」「みたいだ」などを使って表すこと。
イ ある事柄を、類似点のある別の事柄で表すこと。
ウ ある事柄を、相違点の多い別の事柄で表すこと。

(2) ——線②「あの人は歩く辞書だ」、④「ドーナツのような形」は、それぞれA何を、B何にたとえていますか。全て四字以内で答えなさい。 完答各10点

よく出る (3) ——線③「読者は瞬時に情景を思い描く。」とありますが、それを可能にするためには、どんなことが必要ですか。それが書かれた部分を探し、初めと終わりの四字を抜き出しなさい。 10点

よく出る (4) 「比喩」の効果には、どんなものがありますか。それが書かれた部分を、文章中から十四字と二十字で抜き出しなさい。 各10点

(5) ——線⑤「普段私たちが……認識していないような表現」とありますが、なぜ認識していないのですか。次から一つ選び、記号で答えなさい。 10点

ア 難解で、あまり使わない表現だから。
イ ありふれていて、だれでも使っている表現だから。
ウ 特定の人たちの間で使われる表現だから。

考える (6) ——線⑥「深く感謝する」の「深い」は、どんな場合に、どんな意味で使われるのですか。まとめて答えなさい。 15点

図(ドーナツ)：令和２年検定済み 光村図書 中国１年より

か。このように、比喩には、形状をわかりやすく伝える効果がある。

また、比喩には、物事の特性をより生き生きと印象づける効果もある。例えば、「雷のような大声」という場合、声の大きさを響き渡る雷鳴にたとえているだけでなく、雷のもつ激烈さや迫力、おそろしさなどのイメージも重ねている。

実は、こうした比喩の発想は、⑤普段私たちが比喩だと認識していないような表現の中にも生きている。

例えば、「頭の中に入れておく」「そのことで頭の中がいっぱいだ」「緊張して、頭の中が空っぽになる」などという表現では、「頭」が「入れ物」、知識や感情が「その中に入っているもの」として捉えられている。「胸がいっぱいだ」「心が満たされる」なども同様だろう。

さらに、⑥「深く感謝する」「深い感動」のような表現にも、比喩の発想が生かされている。本来、「深い」は、「深い池」のように、表面からの距離が離れている様子を表す。しかし、表面からはうかがい知れないほどの中身があるといった意味で、精神活動についても「深さ」が用いられる。思考や感情など、形のないものでも、こうした比喩の発想によって表現していくことができる。

森山 卓郎「比喩で広がる言葉の世界」より

2 ――線の片仮名を漢字で書きなさい。 各5点

① 旗が風にユれている。
② 太陽がカガヤく。
③ 手紙をトドける。
④ 新しい文化をソウゾウする。

1							2	
(1)	(2) ② A / B	(2) ④ A / B	(3) 〜	(4)	(5)	(6)	① / ②	③ / ④

ぴたトレ1 要点チェック

言葉1 指示する語句と接続する語句
（言葉を集めよう）

解答 p.8

1 新しく習った漢字 読み仮名を書きなさい。

①名称（　）②伐採（　）③並列（　）④累加（　）
⑤扉（　）⑥鍵（　）⑦掛ける（　）⑧選択（　）
⑨連絡（　）⑩事項（　）⑪蓄える（　）⑫紹介（　）
⑬涼しい（　）⑭透く（　）⑮柔らかい（　）⑯修飾（　）
⑰工夫（　）⑱含む（　）⑲溶ける（　）⑳極めて（　）
㉑程よい（　）

2 重要語句 正しい意味を下から選び、記号で答えなさい。

①（　）事項　ア 物事を見たり考えたりするときの立場。
②（　）観点　イ 一つ一つの事柄。

スタートアップ

指示する語句（こそあど言葉）

☑具体的な名称の代わりに、物や場所を指し示す言葉。
●文中の語句・内容・文全体を指し示し、前後の文をつなぐ働きもする。

接続する語句

☑前後の語句・文・段落をつなぐ働きをする言葉。
●使い方によって、書き手や話し手の気持ちが表れることがある。

文章読解の、大きなカギだよ。

順接	前に述べた事柄が、後に述べる事柄の原因・理由となる。	だから・それで・すると
逆接	前に述べた事柄とは逆になる事柄が後にくる。	しかし・けれども・だが
並列・累加	前に述べた事柄と並べたり、付け加えたりする。	そして・また・そのうえ
対比・選択	前に述べた事柄と比べたり、どちらかを選んだりする。	または・それとも・いっぽう
説明・補足	前に述べた事柄をまとめたり、補ったりする。	ただし・つまり・例えば
転換（てんかん）	前に述べた事柄と、話題を変える。	さて・ところで・では

ぴたトレ **2**

練習

言葉1 指示する語句と接続する語句

タイム トライアル **10分**

解答 p.8

1 指示する語句について、答えなさい。

(1) ――線の指示する語句が指し示している語句を抜き出しなさい。

① 机の上の写真を見てください。あれは、入学式のものです。

② 近くに公園があります。妹はそこでいつも遊んでいます。

③ 今、駅にいます。ここで待っています。

④ すしとカレー。前者は和食で、後者は洋食だ。

(2) ――線の指示する語句が指し示している内容を答えなさい。

① 向こうに古い建物が見えるだろう。あれが県庁だよ。

② 夏休みに祖父の家を訪ねた。そこで毎日いとこと遊んだ。

③ 努力にまさる天才なし。これが僕の好きな言葉だ。

2 接続する語句について、答えなさい。

(1) (　)に当てはまる接続する語句を後から選び、記号で答えなさい。

① かぜを引いた。(　)、学校を休んだ。

② のどがかわいた。水か、(　)、お茶をください。

③ 宿題をすませた。(　)、テレビでも見ようかな。

④ 雨が激しくなり、(　)、風までふいてきた。

⑤ 駅まで走った。(　)、電車に間に合わなかった。

⑥ スポーツが好きだ。(　)、今はサッカーに夢中だ。

ア だから	**イ** しかし	**ウ** さて
エ あるいは	**オ** そのうえ	**カ** 例えば

(2) ――線の接続する語句の働きを後から選び、記号で答えなさい。

① 歩いて、もしくは自転車で学校に行く。

② 友達の家に行った。けれども、彼は留守だった。

③ 窓を閉めた。しかも、雨戸も立てた。

④ 母にしかられた。なぜなら、約束を破ったからだ。

⑤ 今日も暑いね。ところで、昨日は泳ぎに行ったの。

⑥ 山頂から大声でさけんだ。すると、山びこが返ってきた。

ア 順接	**イ** 逆接	**ウ** 並列・累加
エ 対比・選択	**オ** 説明・補足	**カ** 転換

1 (1)	1 (2)	2 (1)	2 (2)
①	①	①	①
②	②	②	②
③	③	③	③
④		④	④
		⑤	⑤
		⑥	⑥

ぴたトレ 1 要点チェック

本の中の中学生

解答 p.8

1 新しく習った漢字　読み仮名を書きなさい。

①幅（　　）　②臨む（　　）　③彼（　　）　④脱ぐ（　　）
⑤腕（　　）　⑥気後れ（　　）　⑦澄む（　　）　⑧一斉（　　）
⑨魔女（　　）　⑩髪（　　）　⑪厳か（　　）　⑫胴（　　）
⑬履く（　　）　⑭核心（　　）　⑮挟む（　　）　⑯植木鉢（　　）
⑰棚（　　）　⑱擦る（　　）　⑲暇（　　）　⑳顧問（　　）
㉑磨く（　　）

2 重要語句　正しい意味を下から選び、記号で答えなさい。

①（　）余念　　ア　よどみなく、すらすら話すこと。
②（　）流暢（りゅうちょう）　　イ　他の考え。

3 登場人物　次の本に出てくる人物（名）を書きなさい。

「あと少し、もう少し」（瀬尾（せお）まいこ）
①（　　）…中学三年生。陸上部で、第一区を走る。
②（　　）…陸上部の顧問。陸上にうとい。

「西の魔女が死んだ」（梨木（なしき）香歩（かほ））
③（　　）…主人公。中学入学後学校を休むようになった。
④（　　）…主人公が暮らすことになった家の持ち主。

「ブラインドの向こうに見える光」（小林（こばやし）良助（りょうすけ））
⑤（　　）…主人公。水泳が得意。中学三年で視力を失う。

得点UPポイント

同世代の登場人物の心情を読み取る！

☑ 心の中の言葉や心情を表す言葉に着目する。
☑ 人物の行動や事物の見え方からも、人物の心情が読み取れることが多い。

左の文章では、行動と事物の見え方から心情が読み取れるよ。

本の中の中学生

タイムトライアル 8分

解答 p.8

1 読解問題 文章を読んで、問いに答えなさい。

教科書87ページ上18行〜下12行

ママが声のトーンを落とした。さあ、また「扱いにくい子」を口にするのか。けれど、何をしゃべっているのかうまく聞こえない。

①まいはしゃがんで、その雑草をつくづくと見た。小さな青い花を付けている。勿忘草(わすれなぐさ)をうんと小さくしたような花だ。

突然(とつぜん)、おばあちゃんの力強い声が響いた。

「まいといっしょに暮らせるのは喜びです。私はいつもまいのような子が生まれてきてくれたことを感謝していましたから。」

まいは目を閉じた。そしてゆっくり深呼吸し、再び開けた。この小さな青い花はなんて愛らしいのだろう。②まるで存在がきらきら光っているようだ。まいはその花をそっと両てのひらで包むようにした。

「まーい。」

と、ママが声をかけた。

まいははじかれたように立ち上がって返事をした。

梨木 香歩「西の魔女が死んだ」より

(1) この文章の中で、「ママ」は「まい」のことをどう思っていると「まい」は考えていますか。文章中から抜き出しなさい。(符号は含まない。)

(　　　)

ヒント 「ママ」が声を小さくした理由をまいはどう思っているかな。

(2) ――線①「まいはしゃがんで、その雑草をつくづくと見た。」とありますが、このときの「まい」はどんな気持ちでしたか。次から一つ選び、記号で答えなさい。

ア 何となく不安で、気が晴れない気持ち。
イ 明るくて、はずんだ気持ち。
ウ 晴れやかで、すがすがしい気持ち。

(　　　)

ヒント 「ママ」の様子から「まい」は何かを感じ取ったよ。

(3) ――線②「まるで存在がきらきら光っているようだ。」とありますが、この表現はあることの変化を暗示しています。どんなことを暗示しているのか答えなさい。

(　　　)

ヒント まいは、おばあちゃんの力強い声を聞いているよ。

ぴたトレ 1

要点チェック

大人になれなかった弟たちに……

米倉斉加年

解答 p.9

1 新しく習った漢字 読み仮名を書きなさい。

①空襲（　　） ②爆弾（　　） ③掘る（　　） ④薄い（　　）
⑤缶（　　） ⑥菓子（　　） ⑦盗む（　　） ⑧疎開（　　）
⑨四歳（　　） ⑩親戚（　　） ⑪渓流（　　） ⑫桃（　　）
⑬覆う（　　） ⑭交換（　　） ⑮隣町（　　） ⑯乾く（　　）
⑰遠慮（　　） ⑱爆撃（　　） ⑲杉板（　　） ⑳削る（　　）
㉑棺（　　）

2 重要語句 正しい意味を下から選び、記号で答えなさい。

①（　　）みとる　　ア 空腹である。
②（　　）ひもじい　イ 見守る。

3 主な登場人物 物語に出てくる人物（名）を書きなさい。

・「僕」…子供だったころの作者。
①（　　）…作者が小学校四年生のときに生まれた弟。
②（　　）…子供たちを必死に守ろうとする愛情深い人。

4 場面構成 当てはまる言葉を書きなさい。

①導入…戦争の真っ最中で、（　　）も十分にない。
②展開…空襲がひどくなり、山あいの村に（　　）する。
③山場…弟が（　　）で死ぬ。
④結末…弟が死んで間もなく、（　　）が終わった。

得点UPポイント

行動や情景描写から心情を読み取る！

☑ 人物の行動には、そのときの心情が表れている。
☑ そこに描かれた情景描写によって、心情を強調していることがある。

左の文章では、母の行動に決意の強さが表れているよ。

ぴたトレ2 練習

大人になれなかった弟たちに……

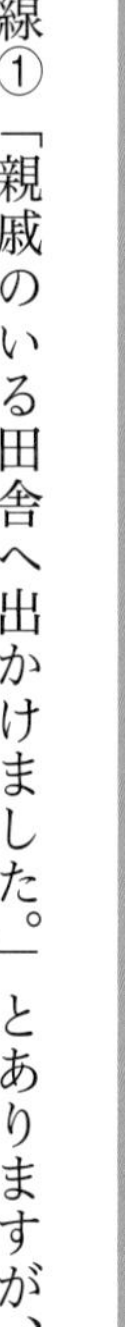

解答p.9

1 読解問題 文章を読んで、問いに答えなさい。 教科書99ページ3行〜12行

あまり空襲がひどくなってきたので、母は疎開しようと言いだしました。それである日、祖母と四歳の妹に留守番を頼んで、母が弟をおんぶして僕と三人で、①親戚のいる田舎へ出かけました。ところが、親戚の人は、はるばる出かけてきた母と弟と僕を見るなり、うちに食べ物はないと言いました。僕たちは食べ物をもらいに行ったのではなかったのです。引っ越しの相談に行ったのに。母はそれを聞くなり、僕に帰ろうと言って、②くるりと後ろを向いて帰りました。

③そのときの顔を、僕は今でも忘れません。強い顔でした。でも悲しい顔でした。僕はあんなに美しい顔を見たことはありません。僕たち子供を必死で守ってくれる母の顔は、美しいです。僕はあのときのことを思うと、いつも胸がいっぱいになります。

米倉 斉加年「大人になれなかった弟たちに……」〈「おとなになれなかった弟たちに……」〉より

(1) ――線①「親戚のいる田舎へ出かけました。」とありますが、何をしに出かけたのですか。次から一つ選び、記号で答えなさい。

ア 食べ物を分けてもらいに行った。
イ 疎開する先の相談に行った。
ウ 親戚が無事かどうか確かめに行った。

ヒント 同じ段落の後の部分をていねいに読もう。

（　　）

(2) ――線②「くるりと後ろを向いて」とありますが、この行動には「母」のどんな心情が表れていますか。次から一つ選び、記号で答えなさい。

ア 親戚の言葉に傷つきながらも、子供たちを守ることは決してあきらめないという心情。
イ 親戚の言葉に、この人も困っているのだと同情する心情。
ウ 親戚に見放され、この先どうすればよいのかと思い悩む心情。

ヒント 「くるりと」には、迷いのない強さが感じられるよ。

（　　）

(3) ――線③「そのときの顔」とありますが、「僕」はその顔をどのように感じましたか。文章中から三字で抜き出しなさい。

ヒント 「僕たち」を必死で守ろうとしている「顔」だよ。

□□□

ぴたトレ 3 確認テスト

大人になれなかった弟たちに……

時間20分

／100点

合格75点

解答 p.9

1 思考・判断・表現

文章を読んで、問いに答えなさい。 教科書102ページ3行〜103ページ16行

　ヒロユキは病気になりました。僕たちの村から三里くらい離れた町の病院に入院しました。僕は学校から帰ると、毎日、まきと食べ物を祖母に用意してもらい、母と弟のいる病院に、バスに乗って出かけました。

　十日間くらい入院したでしょうか。

　①ヒロユキは死にました。

　暗い電気の下で、小さな小さな口に綿に含ませた水を飲ませた夜を、僕は忘れられません。泣きもせず、弟は静かに息をひきとりました。母と僕に見守られて、弟は死にました。病名はありません。栄養失調です②……。

　死んだ弟を母がおんぶして、僕は片手にやかん、そして片手にヒロユキの身の回りのものを入れた小さなふろしき包みを持って、家に帰りました。

　白い乾いた一本道を、三人で山の村に向かって歩き続けました。バスがありましたが、母は弟が死んでいるのでほかの人に遠慮したのでしょう、三里の道を歩きました。

　空は高く高く青く澄んでいま

(1) ――線①「ヒロユキは死にました。」とありますが、その原因は何ですか。文章中から四字で抜き出しなさい。 10点

よく出る

(2) ――線②「……。」には、「僕」のどんな気持ちが込められていますか。次から一つ選び、記号で答えなさい。 15点

ア 戦争で食べ物が不足していなかったら、ヒロユキも死ぬことはなかったのにと、戦争を憎む気持ち。

イ もう少し気づかってやったり、遊んでやったりすればよかったと、自分の行動を悔やむ気持ち。

ウ どうしてヒロユキを助けることができなかったのかと、無力な母を責める気持ち。

よく出る

(3) ――線③「ヒロユキは幸せだった。」とありますが、母はなぜこう言ったのですか。「ヒロユキの死」「悲しみにたえる」という言葉を用いて、簡潔に答えなさい。 15点

(4) ――線④「そのとき、母は初めて泣きました。」とありますが、母はなぜ泣いたのですか。理由を述べた次の文の（　）に当てはまる言葉を後から選び、記号で答えなさい。 各5点

　十分な（①）もあたえられず、死なせてしまったヒロユキの体が（②）なっていたことに気づき、ヒロユキは懸命に（③）としていたのだと思うと、（④）がこみあげたから。

ア 大きく　**イ** 丈夫に　**ウ** 生きよう　**エ** 食べ物
オ 悲しみ　**カ** 喜び　**キ** 薬

考える

(5) この文章の題名は「大人になれなかった弟たちに……」ですが、「弟たち」と複数になっているのはなぜですか。考えて答えなさい。 20点

した。ブウーンブウーンというＢ29の独特のエンジンの音がして、青空にきらっきらっと機体が美しく輝いています。道にも畑にも、人影はありませんでした。歩いているのは三人だけです。

母がときどきヒロユキの顔に飛んでくるはえを手ではらいながら、言いました。

「③ヒロユキは幸せだった。母と兄とお医者さん、看護婦さんにみとられて死んだのだから。空襲の爆撃で死ねば、みんなばらばらで死ぬから、もっとかわいそうだった。」

家では祖母と妹が、泣いて待っていました。部屋を貸してくださっていた農家のおじいさんが、杉板を削って小さな小さな棺を作っていってくださいました。弟はその小さな小さな棺に、母と僕の手でねかされました。小さな弟でしたが、棺が小さすぎて入りませんでした。

母が、大きくなっていたんだね、とヒロユキのひざを曲げて棺に入れました。④そのとき、母は初めて泣きました。

父は、戦争に行ってすぐ生まれたヒロユキの顔を、とうとう見ないままでした。

弟が死んで九日後の八月六日に、ヒロシマに原子爆弾が落とされました。その三日後にナガサキに――。

そして、六日たった一九四五年八月十五日に戦争は終わりました。

僕はひもじかったことと、弟の死は一生忘れません。

米倉 斉加年「大人になれなかった弟たちに……」〈「おとなになれなかった弟たちに……」〉より

2

――線の片仮名を漢字で書きなさい。　各5点

① ウスい味付けの料理。
② 田舎(いなか)にソカイする。
③ ケイリュウで釣りをする。
④ 厚い雲にオオわれる。

1							2			
(1)	(2)	(3)	(4) ①	(4) ②	(4) ③	(4) ④	(5)	①	②	③	④

ぴたトレ 1

要点チェック

星の花が降るころに

安東（あんどう）みきえ

解答 p.10

1 新しく習った漢字 読み仮名を書きなさい。

①俺（　　）　②塾（　　）　③先輩（　　）　④廊下（　　）
⑤眺める（　　）　⑥挑戦（　　）　⑦香水（　　）　⑧誘う（　　）
⑨背ける（　　）　⑩騒々しい（　　）　⑪唇（　　）　⑫駆ける（　　）
⑬貧血（　　）　⑭遅い（　　）　⑮魂（　　）　⑯探る（　　）
⑰憎む（　　）　⑱日陰（　　）　⑲拭く（　　）　⑳大丈夫（　　）
㉑掃除（　　）　㉒厄介（　　）　㉓帽子（　　）　㉔抱える（　　）

2 重要語句 正しい意味を下から選び、記号で答えなさい。

①（　　）高じる　　ア　程度がひどくなる。
②（　　）なだめる　　イ　なぐさめて、気持ちを落ち着かせる。

3 主な登場人物 物語に出てくる人物名を書きなさい。

・「私」…物語の主人公。中学一年生。友達関係で思い悩む。
①（　　）…「私」が小学生のころ、仲のよかった友達。
②（　　）…同じ塾に通う「私」の同級生。サッカー部。

4 場面構成 それぞれの場面の場所を書きなさい。

①銀木犀（ぎんもくせい）の（　　）…去年の秋、夏実（なつみ）と花を見て笑った。
②学校の（　　）…戸部（とべ）君が宿題についてきいてくる。
③学校の（　　）…夏実に話しかけるが無視される。
④校庭の（　　）…戸部君と話し、笑い合う。
⑤銀木犀の（　　）…花を捨て、前向きな思いになる。

得点UPポイント

比喩表現から、様子や心情を読み取る！

☑どんな比喩を用いているかで、そのときの登場人物の様子や心情を捉えることができる。

左の文章では、二つの比喩表現が使われているよ。

星の花が降るころに

タイム トライアル 10分

解答 p.10

1 読解問題 文章を読んで、問いに答えなさい。

教科書108ページ1行〜16行

①夏実（なつみ）とは中学に上がってもずっと親友でいようと約束をしていた。だから春の間はクラスが違っても必ずいっしょに帰っていた。それなのに、何度か小さな擦れ違いや誤解が重なるうち、別々に帰るようになってしまった。おたがいに意地を張っていたのかもしれない。

②お守りみたいな小さなビニール袋をポケットの上からそっとなでた。中には銀木犀（ぎんもくせい）の花が入っている。もう香りはなくなっているけれどかまわない。去年の秋、この花で何か手作りに挑戦しようと言ってそのままになっていた。香水はもう無理でも試しにせっけんを作ってみよう、そして秋になったら新しい花を拾って、それでポプリなんかも作ってみよう……そう誘ってみるつもりだった。夏実だって、私から言いだすのをきっと待っているはずだ。

夏実の姿が目に入った。教室を出てこちらに向かってくる。

そのとたん、③私は自分の心臓がどこにあるのかがはっきりわかった。どきどき鳴る胸をなだめるように一つ息を吸ってはくと、ぎこちなく足をふみ出した。

「あの、夏実——」

安東　みきえ「星の花が降るころに」より

(1) ——線①「夏実とは……約束をしていた。」とありますが、今の「私」と夏実との関係はどんな状態ですか。文章中から三十五字で探し、初めと終わりの五字を抜き出しなさい。（句読点は含まない。）

□□□□□ 〜 □□□□□

ヒント 「それなのに」という言葉に着目。以前とは変わったんだよ。

(2) ——線②「お守りみたいな小さなビニール袋」とありますが、「お守りみたいな」という表現から、「私」のどんな気持ちがわかりますか。次から一つ選び、記号で答えなさい。

ア 夏実と仲直りできるようにと、いのるような気持ち。
イ 夏実が離れていった理由を、教えてほしいと願う気持ち。
ウ 夏実と話しても平気でいられるか、不安な気持ち。

（　　）

ヒント ビニール袋には、夏実と拾った銀木犀の花が入っているよ。

(3) ——線③「私は自分の心臓がどこにあるのかがはっきりわかった。」とありますが、これは「私」のどんな様子をたとえていますか。次から一つ選び、記号で答えなさい。

ア 感動のあまり、胸がつまって言葉が出ない様子。
イ 不安や期待などで、胸が高まっている様子。
ウ 悲しみに打ちのめされ、胸が痛む様子。

（　　）

ヒント 「私」は何をしようとしているのか考えよう。

ぴたトレ 3 確認テスト

星の花が降るころに

時間20分 ／100点 合格75点 解答 p.10

1 思考・判断・表現 文章を読んで、問いに答えなさい。

教科書112ページ9行〜113ページ16行

学校からの帰り、少し回り道をして銀木犀（ぎんもくせい）のある公園に立ち寄った。

銀木犀は常緑樹だから一年中葉っぱがしげっている。それをきれいに丸く刈り込むので、木の下に入れば丸屋根の部屋のようだ。①夏実（なつみ）と私はここが大好きで、二人だけの秘密基地と決めていた。ここにいれば大丈夫、どんなことからも木が守ってくれる。そう信じていられた。

夕方に近くなっても日差しはまだ強い。木の下は陰になって涼しかった。

掃除をしているおばさんが、草むしりの手を休めて話しかけてきた。

「いい木だよねえ、こんな時期は木陰になってくれて。けど春先は、葉っぱが落ちて案外厄介なんだよ、掃除がさ。」

私は首をかしげた。②常緑樹は一年中葉っぱがしげっているはずなのに。

「え、葉っぱはずっと落ちないんじゃないんですか。」

「まさか。どんどん古い葉っぱを落っことして、その代わりに新しい葉っぱを生やすんだよ。そりゃそうさ。でなきゃあんた、いくら木だって生きていけないよ。」

帽子の中の顔は暗くてよくわからなかったけれど、笑った歯だけ

よく出る (1) ——線①「夏実と私はここが大好き」とありますが、「大好き」だった理由を答えなさい。 10点

(2) ——線②「常緑樹は一年中葉っぱがしげっているはずなのに。」とありますが、実際はどうなのですか。おばさんの言葉を用いて三十字以内で答えなさい。 15点

(3) ——線③「半円球の宙」とありますが、同じように銀木犀の木をたとえた表現を前の部分から探し、六字で抜き出しなさい。 10点

よく出る (4) ——線④「星形の花を土の上にぱらぱらと落とした。」とありますが、この行動には、「私」のどんな気持ちが表れていますか。次から一つ選び、記号で答えなさい。 15点

ア 銀木犀の葉が落ちて新しくなるように、自分も早く新しい友達を見つけて夏実を見返したいという気持ち。

イ 銀木犀の葉が落ちて新しくなるように、いつまでも夏実のことにこだわるのはやめて、歩み始めようという気持ち。

ウ 銀木犀の葉が落ちて新しくなるように、また新しく夏実との関係を築いていこうという気持ち。

(5) ——線⑤「そんなこと」とは、どんなことを指していますか。文章中の言葉を用いて答えなさい。 10点

考える (6) ——線⑥「大丈夫、きっとなんとかやっていける。」とありますが、ここから「私」のどんな気持ちが読み取れますか。「夏実」という言葉を用いて、考えて答えなさい。 20点

は白く見えた。おばさんは、よいしょと言って掃除道具を抱えると公園の反対側に歩いていった。

私は真下に立って銀木犀の木を見上げた。

かたむいた陽（ひ）が葉っぱの間からちらちらと差し、③半円球の宙（そら）にまたたく星みたいに光っていた。

ポケットからビニール袋を取り出した。花びらは小さく縮んで、もう色がすっかりあせている。

袋の口を開けて、④星形の花を土の上にぱらぱらと落とした。

ここでいつかまた夏実と花を拾える日が来るかもしれない。それとも違うだれかと拾うかもしれない。あるいは⑤そんなことはもうしないかもしれない。

どちらだっていい。⑥大丈夫、きっとなんとかやっていける。

私は銀木犀の木の下をくぐって出た。

安東 みきえ「星の花が降るころに」より

2 ――線の片仮名を漢字で書きなさい。　各5点

① センパイの指示に従う。　② ロウカで話す。

③ 記録にチョウセンする。　④ 友達を映画にサソう。

1						2			
(1)	(2)	(3)	(4)	(5)	(6)	①	②	③	④

ぴたトレ1 要点チェック

言葉2 方言と共通語

解答 p.11

1 新しく習った漢字 読み仮名を書きなさい。

①猫（　　） ②即す（　　） ③互い（　　） ④普及（　　）
⑤円滑（　　） ⑥湿る（　　） ⑦繊維（　　） ⑧息遣い（　　）
⑨継ぐ（　　）

2 重要語句 正しい意味を下から選び、記号で答えなさい。

①（　　）風土
②（　　）根ざす
③（　　）独特
④（　　）即す
⑤（　　）普及
⑥（　　）円滑
⑦（　　）繊細

ア 周りの状態や物事に当てはまる。
イ そのものだけが特別にもっているもの。
ウ 感覚や感情などが細やかである様子。
エ その土地の気候や地形などの様子。
オ 物事がすらすらと行われる様子。
カ 広くいきわたること。
キ 定着する。動かぬものになる。

スタートアップ

方言

☑語句・表現、文法、発音などに、地域ごとの特色が表れた言葉。
- 語句・表現の違い
  例 片づける…かたす・しまう
- 文法（文末表現）の違い
  例 読まない…読まへん・読まん
  犬だ…犬や・犬じゃ
- 発音の違い
  例 橋（はし）

は—し　は—し

共通語

☑日本全国、どの地域の人にも通用する言葉。
- 全国向けのテレビニュース
- 不特定多数を対象とした文章

} 共通語が使われることが多い。

方言と共通語、それぞれによさがあるよ。場面場面で使い分けて、円滑なコミュニケーションをとれるようになろう。

解答 p.11

1 方言について、答えなさい。

方言を使う機会として適切なものを次から三つ選び、記号で答えなさい。

ア 全国向けのテレビ番組でニュースを伝えるとき。
イ 家族や友人など、親しい相手と話すとき。
ウ 地域のお年寄りを訪ねて、交流を深めるとき。
エ 身近なところで、日常的なことについて話すとき。
オ 不特定多数を対象とした文章を書くとき。

2 共通語について、答えなさい。

共通語が生まれた理由として適切なものを次から二つ選び、記号で答えなさい。

ア 共通語を使うと、人間関係において、上下関係があいまいにならないから。
イ 共通語を使うと、その背景にある文化や伝統を尊重することにつながるから。
ウ 共通語を使うと、異なる地域の人々どうしであっても、用件や考えが正確に伝わりやすいから。
エ 共通語を使うと、その土地の文化や風土を細やかに映し出すことができるから。
オ 共通語を使うと、多くの人が参加する改まった場にふさわしい表現ができるから。

共通語のよさは、どんなところかな？
共通語がないと、困ることから考えてもいいよ。

3 方言と共通語について、答えなさい。

(1) 各組の――線の方言は、共通語で何と言いますか。共通語に直して書きなさい。

① そんな遠いところなんか行かへん。
　今朝から頭痛がひどいので、学校へは行かん。

② 昨日、いっしょにいたのは父じゃ。
　いま、電話で話していたのは父や。

(2) 次の文章は、地域の人たちに、ひなん訓練への参加を呼びかける文章ですが、一部方言が使われています。その部分を共通語に直して、全文を書きなさい。

> 十月九日にひなん訓練を行うんや。命を守る大事な訓練やさかい、ぜひ皆様ご参加ください。

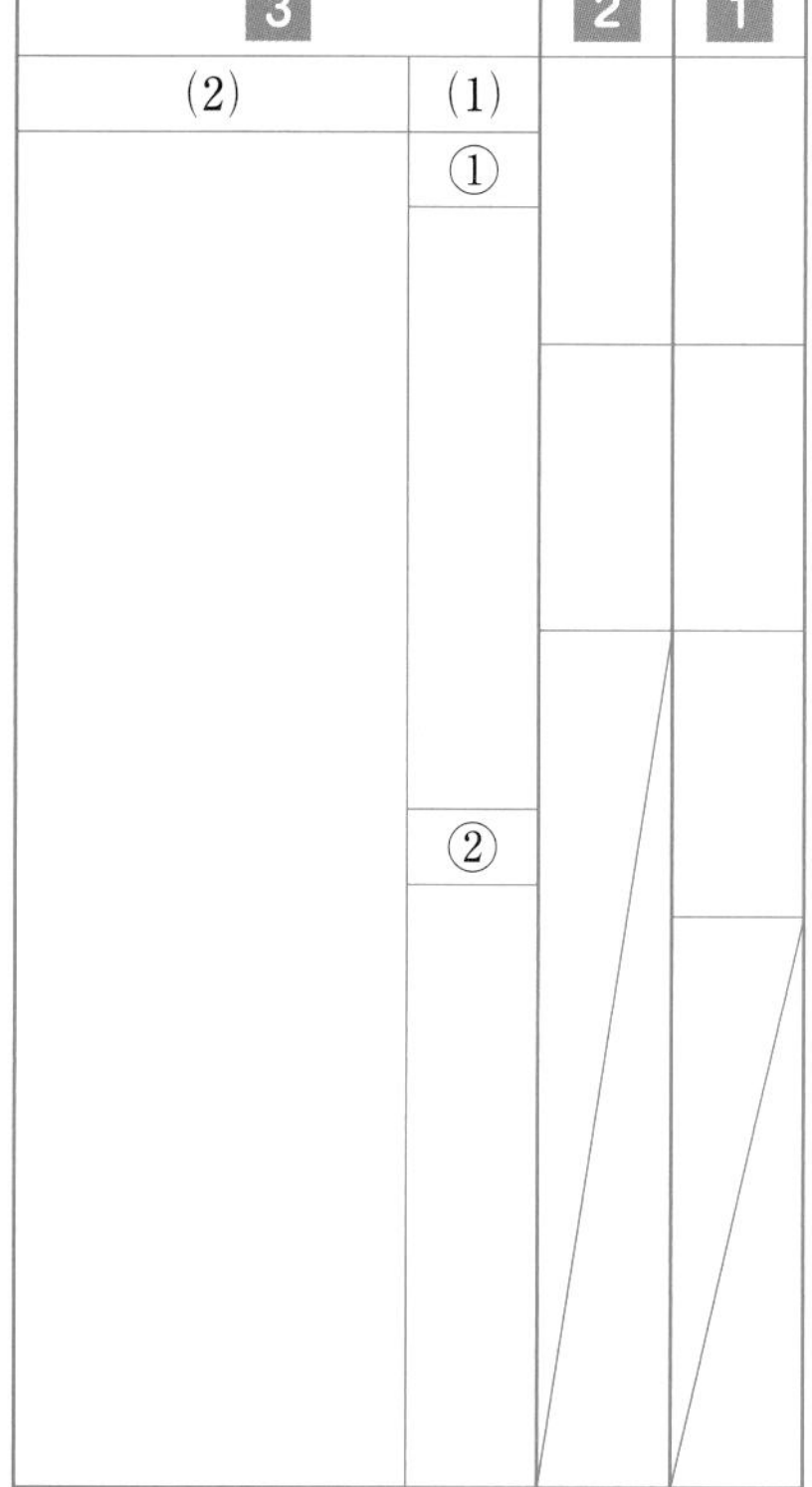

ぴたトレ 1

要点チェック

漢字2　漢字の音訓

解答 p.11

スタートアップ

「音」について

☑ 漢字の中国語の発音を元にした読み方。

☑ 漢字を受け入れた時期やどの地域から伝えられたかによって、一つの漢字が複数の音をもつこともある。

例 相談（そうだん）　外相（がいしょう）

「訓」について

☑ 漢字の意味から考えられた読み方。

☑ 一つの漢字が複数の訓をもつこともある。

例 幸せ（しあわせ）　幸い（さいわい）

複数の読み方をする熟語

☑ 同じ漢字の熟語でも、読み方によって異なる意味を表すものがある。

例 初日
・旅行の初日は雨だった。（しょにち）
・元日に初日を拝む。（はつひ）

文脈の中での意味を考えながら、読み分けることが大事だよ。

---

1 新しく習った漢字 読み仮名を書きなさい。

①幾つ（　　）　②有無（　　）　③土砂（　　）　④盛夏（　　）
⑤夏至（　　）　⑥首相（　　）　⑦知己（　　）　⑧街道（　　）
⑨号泣（　　）　⑩申告（　　）　⑪所望（　　）　⑫技巧（　　）
⑬遮断（　　）　⑭企画（　　）

2 重要語句 正しい意味を下から選び、記号で答えなさい。

①（　）思いの外　　ア 自分のことを理解してくれる人。
②（　）夏至　　イ 望みとするもの。
③（　）知己　　ウ 一年でもっとも昼の時間が長い日。
④（　）申告　　エ 予想外に。
⑤（　）所望　　オ 届け出ること。

ぴたトレ 2

練習

漢字2 漢字の音訓

1 漢字の「音」について、答えなさい。

——線の漢字の読みに注意して、熟語の読み仮名を書きなさい。

① a 迫力　b 力作

② a 興味　b 興奮

③ a 規模　b 模型

④ a 留守　b 留意

2 漢字の「訓」について、答えなさい。

——線の漢字の読み仮名を書きなさい。

① a 下を向く。
b 山を下りる。
c 後ろに下がる。
d 川下の橋を渡る。
e 下りの電車に乗る。

② a 草が生える。
b 生きる喜びを知る。
c 新製品を生む。
d 生野菜を食べる。

3 複数の読み方をする熟語について、答えなさい。

——線の熟語の読み方を書きなさい。

① a 色紙にサインをもらう。
b 色紙を折る。

② a 若者に人気の街。
b 人気の少ない道。

タイムトライアル 10分

解答 p.11

1				2		3	
①	②	③	④	①	②	①	②
a	a	a	a	a	a	a	a
b	b	b	b	b	b	b	b
				c	c		
				d	d		
				e			

ぴたトレ 1
要点チェック

「言葉」をもつ鳥、シジュウカラ

（原因と結果）

鈴木（すずき）俊貴（としたか）

解答 p.11

1 新しく習った漢字 読み仮名を書きなさい。

①頃（　　） ②頻（　　） ③繁殖（　　） ④餌（　　）
⑤威嚇（　　） ⑥分析（　　） ⑦警戒（　　） ⑧状況（　　）
⑨舞う（　　） ⑩詳しい（　　） ⑪払う（　　） ⑫誰（　　）
⑬解釈（　　） ⑭脅威（　　） ⑮獲得（　　） ⑯魅了（　　）
⑰盛ん（　　） ⑱踏む（　　） ⑲隔離（　　） ⑳環境（　　）
㉑偶然（　　） ㉒隠す（　　）

2 重要語句 正しい意味を下から選び、記号で答えなさい。

①（　　）定義
②（　　）検証

ア 実際に物事を調べて事実を明らかにすること。
イ 物事や言葉の意味・内容を明確に決めること。

3 文章の構成 当てはまる言葉を書きなさい。

① 前提となる知識 …シジュウカラの基本的な知識。
② 研究のきっかけと（　　） …シジュウカラの鳴き声は意味のある「単語」ではないか。
③ 仮説の（　　） 1…「ジャージャー」という鳴き声を聞かせ、反応を観察。
④ 仮説の（　　） 2…鳴き声を流しながら小枝を動かし、反応を観察。
⑤（　　） …シジュウカラにはヘビを示す「単語」があり、ヘビを追い払ううえで役立っている。

得点UPポイント

仮説とその検証方法を読み取ろう！

☑ この文章では、仮説を立て、検証を行い、不十分な点を再検証して、結果を導いている。

☑ なぜそのような仮説を立てたのか、また、仮説に対してどんな検証を行ったのかが読み取りのポイント。

左の文章では、仮説とその検証方法が述べられているよ。

ぴたトレ 2 練習

「言葉」をもつ鳥、シジュウカラ

タイムトライアル 10分

解答 p.12

1 読解問題 文章を読んで、問いに答えなさい。 教科書128ページ5行〜17行

私は、これらの観察から、シジュウカラの「ジャージャー」という鳴き声が、警戒すべき対象としての「ヘビ」を意味する「単語」になっているのではないかという仮説を立てました。ここでの「単語」とは、「ヘビ」や「タカ」といった異なる意味を伝える一つ一つの鳴き声だと定義することにします。

では、シジュウカラの「ジャージャー」という鳴き声がヘビを示す「単語」であるかどうかを調べるには、どうすればよいのでしょうか。鳴き声を発する状況を記録するのはもちろんですが、それだけでは意味を確かめることはできません。ヘビの存在をつがい相手に伝えるために「ジャージャー」と鳴いているのか、それとも単なる恐怖心から鳴き声を発しているのかが区別できないからです。そこで私は、鳴き声を聞いたシジュウカラが、どのように振る舞うのかを詳しく調べてみることにしました。もし「ジャージャー」という鳴き声がヘビを意味する「単語」であるならば、それを聞いたシジュウカラはヘビを警戒するようなしぐさを示すかもしれないと考えたのです。

鈴木 俊貴「『言葉』をもつ鳥、シジュウカラ」より

(1) ——線①「仮説を立てました。」とありますが、その「仮説」の内容を文章中の言葉を用いて簡潔に答えなさい。

（　　　　）

ヒント 「ジャージャー」には、どんな意味があると思ったのかな。

(2) ——線②「どうすればよいのでしょうか。」とありますが、筆者は実際どんなことをしましたか。二つ答えなさい。

（　　　　）

（　　　　）

ヒント 当然することと、意味を確かめるためにしたことだよ。

(3) ——線③「『ジャージャー』……意味する『単語』」とありますが、もしそうならば、シジュウカラはどんな行動をすると筆者は考えましたか。文章中から十六字で抜き出しなさい。

ヒント 「考えたのです」という言葉に着目しよう。

ぴたトレ 3 確認テスト①

「言葉」をもつ鳥、シジュウカラ

時間20分 ／100点 合格75点

解答 p.12

1 思考・判断・表現 文章を読んで、問いに答えなさい。 教科書129ページ8行～130ページ17行

シジュウカラは、①「ジャージャー」という鳴き声を聞くと、巣箱が掛かった木の周辺で地面をじっと見下ろしたり、時には巣箱の穴をのぞいたり、普段とは明らかに異なるしぐさを示しました（グラフ1）。いっぽう、カラスやネコなどを警戒するときの②「ピーツピ」という鳴き声を聞かせても、これらの行動は見られず、首を左右に振り、周囲を警戒するだけでした（グラフ2）。また、③鳴き声を流さない場合には、どのような種類の警戒

グラフ1 「ジャージャー」
（羽） 14 10 5 0
地面を確認 巣箱をのぞく 左右を警戒

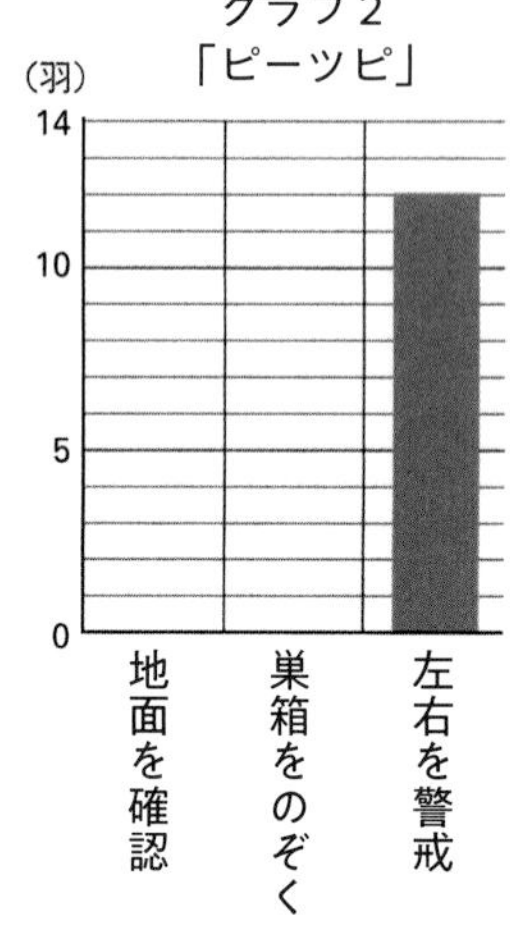

グラフ3 鳴き声なし
（羽） 14 10 5 0
地面を確認 巣箱をのぞく 左右を警戒

反応したシジュウカラ（全十四羽中）

(1) ――線①『「ジャージャー」という鳴き声を聞く』、②『「ピーツピ」という鳴き声を聞かせて』、③「鳴き声を流さない場合」とありますが、それぞれの場合にシジュウカラが示した具体的な反応を簡潔に答えなさい。 各10点

(2) ――線④「親鳥がヘビの居場所をつき止める」とありますが、その目的を答えなさい。 10点

(3) ――線⑤「十分に主張できるでしょうか。」について、答えなさい。

① 筆者は、どんなことを主張しようとしているのですか。次から一つ選び、記号で答えなさい。 5点

ア 「ジャージャー」という鳴き声を聞いたシジュウカラは、地面や巣箱を必ず確認しに行くこと。

イ 「ジャージャー」というシジュウカラの鳴き声が、ヘビを示す「単語」であること。

ウ 「ジャージャー」というシジュウカラの鳴き声は、「地面や巣箱を確認しろ。」という命令であること。

② 筆者は、なぜ「十分に主張できるでしょうか。」という疑問を抱いたのですか。文章中の言葉を用いて、簡潔に答えなさい。 10点

③ 疑問を抱いた筆者は、次に何をしようと考えましたか。 10点

考える

(4) ――線⑥「ヘビの姿をイメージした証拠になる」とありますが、「証拠になる」ためには、シジュウカラがどんな行動を取ればよいのですか。「鳴き声」「木の枝」という言葉を用いて答えなさい。 15点

行動もほとんど示しませんでした（グラフ3）。

ヘビは地面から木をはい上り、巣箱に侵入（しんにゅう）して卵やひなを襲います。親鳥が卵やひなを守るためには、ヘビをいち早く見つけ出し、追い払わなければなりません。「ジャージャー」という鳴き声を聞いて地面や巣箱を確認しに行くことは、④親鳥がヘビの居場所をつき止めるうえで大いに役立つと考えられます。

しかし、この実験結果から、シジュウカラの「ジャージャー」という鳴き声がヘビを示す「単語」であると、⑤十分に主張できるでしょうか。もしかしたら、「ジャージャー」という鳴き声は、「地面や巣箱を確認しろ。」といった命令であり、それを聞いたシジュウカラはヘビの姿をイメージすることなく、それらの行動を取ったのかもしれません。

そこで今度は、「ジャージャー」という鳴き声を聞いたシジュウカラが、実際にヘビの姿をイメージしているのか検証しようと考えました。私たちの場合、単語から得たイメージによって、物の見え方が変わってしまうことがあります。例えば、道路に落ちた木の枝でも、誰かがそれを指して「ヘビだ！」と言ったら、周りの人は思わず身構えることでしょう。これは、「ヘビ」という単語からその姿をイメージし、枝を一瞬、本物のヘビと見間違えてしまうからです。同じように、シジュウカラにも見間違いが観察されれば、「ジャージャー」という鳴き声から⑥ヘビの姿をイメージした証拠になると考えられます。

鈴木 俊貴「『言葉』をもつ鳥、シジュウカラ」より

2 ——線の片仮名を漢字で書きなさい。　各5点

① ハンショク力が強い。　② 事故の原因をブンセキする。

③ 権利をカクトクする。　④ 観客をミリョウする演技。

1								2			
(1)			(2)	(3)			(4)	①	②	③	④
①	②	③		①	②	③					

ぴたトレ 3 確認テスト②

「言葉」をもつ鳥、シジュウカラ

時間20分 ／100点 合格75点 解答p.12

1 思考・判断・表現 文章を読んで、問いに答えなさい。

教科書132ページ5行〜133ページ13行

①二つの実験の結果から、「ジャージャー」という鳴き声を聞いたシジュウカラはヘビの姿をイメージし、そのうえで、ヘビを探す際に役立つ特別な行動を取ることがわかりました。ここから、「ジャージャー」という鳴き声は「ヘビ」を意味する「単語」であると結論づけられます。

②研究者の間では、長年にわたって、「言葉」をもつのは人間だけだと信じられてきました。動物の鳴き声は、「怒り」や「喜び」といった単なる感情の表れであり、物の存在や出来事を伝える「単語」ではないと考えられてきたのです。そのため、動物の鳴き声に関する詳細な研究は、これまで十分に進められてきませんでした。しかし、今回の研究で、身近な小鳥のシジュウカラにも③ヘビを示す「単語」があり、つがいが協力してヘビを追い払ううえで役立っていることがわかりました。木をはい上り巣箱

よく出る (1) ——線①「二つの実験の結果」とありますが、ここからどんな結論が導き出されましたか。 10点

(2) ——線②「研究者の間では……信じられてきました。」について、答えなさい。

① 研究者たちは、動物の鳴き声を何だと考えていましたか。文章中から八字で抜き出しなさい。 10点

② このような考え方は、研究にどんな影響を与えましたか。次から一つ選び、記号で答えなさい。 10点

ア 動物の鳴き声を研究するうえで、とても役に立った。
イ 人間の言葉を深く掘り下げる研究が進んだ。
ウ 動物の鳴き声に関する研究が遅れた。

(3) ——線③「ヘビを示す『単語』」とありますが、これと同じ意味の言葉を、文章中から十四字で抜き出しなさい。 10点

(4) ——線④「シジュウカラの世界に魅了された私」とありますが、「私」は「シジュウカラ」のどんなことに魅了されたのですか。次から一つ選び、記号で答えなさい。 5点

ア シジュウカラのつがいが協力し合っていること。
イ シジュウカラにも「言葉」があること。
ウ シジュウカラのヘビへの対応がすばらしいこと。

よく出る (5) ——線⑤「十五年以上にわたる野外研究」とありますが、その中でわかったことを二つ答えなさい。 各10点

考える (6) 筆者がこの文章で最も述べたかったのは、どんなことですか。「人間」「研究」「発見」という言葉を用いて答えなさい。 15点

に侵入するヘビは、小鳥にとって特別な脅威です。シジュウカラは、卵やひなを守るために、ヘビの存在を示す特別な鳴き声を進化の過程で獲得したと考えられます。

④シジュウカラの世界に魅了された私は、今でも毎年長野県の森に通って研究を続けています。⑤十五年以上にわたる野外研究の中で、彼らが異なる「単語」を使い分けるだけでなく、それらを組み合わせてより複雑なメッセージを伝えていることなどもわかってきました。人間以外に、複数の「単語」を組み合わせる能力が実証されたのは、シジュウカラが初めてです。今後、動物の鳴き声に関する研究が盛んになることで、シジュウカラ以外にも、「言葉」をもつ動物の存在が明らかになるかもしれません。人間が最も高度な生物であると決めつけることなく、じっくり動物たちを観察してみると、まだまだ驚きの発見があるのだと思います。

鈴木 俊貴「『言葉』をもつ鳥、シジュウカラ」より

2 ――線の片仮名を漢字で書きなさい。　各5点

① ホオを赤く染める。　② 小鳥にエサをやる。

③ 周囲をケイカイする。　④ ジョウキョウを報告する。

1						2	
(1)	(2)	(3)	(4)	(5)	(6)	①	③
	①						
	②					②	④

ぴたトレ 1 要点チェック

音読を楽しもう　大阿蘇（漢字に親しもう3）

三好達治

解答 p.13

1 新しく習った漢字 読み仮名を書きなさい。

①度重なる（　）②苗（　）③出荷（　）④境内（　）
⑤樹齢（　）⑥江戸（　）⑦海の幸（　）⑧細菌（　）
⑨虹（　）⑩納豆（　）⑪発酵（　）⑫披露（　）
⑬摩擦（　）⑭還元（　）⑮肯定（　）⑯黄砂（　）
⑰挿入（　）⑱陪審（　）⑲媒体（　）⑳駐車（　）
㉑仲介（　）㉒煙（　）㉓噴煙（　）㉔丘（　）

2 重要語句 正しい意味を下から選び、記号で答えなさい。

①（　）蕭々
②（　）濡れそぼる

ア びしょびしょに濡れる。
イ ものさびしい様子。

スタートアップ

「大阿蘇」

☑ 用語・形式上の種類…口語自由詩
☑ 詩の種類…叙景詩（風景を見たままに書いた詩。）

詩の組み立て（五つに分けた場合）

① 一～九行目…雨の中、草をたべている馬の描写。〈近景〉
② 十～十三行目…噴煙をあげている山の描写。〈遠景〉
③ 十四～十九行目…再び、雨の中、草を食べている馬の描写。〈近景〉
④ 二十行目…作者の大自然への感動。
⑤ 二十一～二十二行目…蕭々と降っている雨の描写。

表現の特徴

☑「いる」の**反復**（同じ言葉をくり返す方法）によって、詩にリズムが生まれている。
☑「馬」を「彼ら」と、**擬人法**（人でないものを人にたとえて表す方法）を用いて表現している。

詩の主題

☑ 大自然の雄大さと永遠性に対する感動。

停止したような時間の中の、雄大な大自然の情景を想像しながら朗読しよう。

ぴたトレ 2 練習

音読を楽しもう　大阿蘇

タイムトライアル 12分

解答 p.13

1 読解問題　教科書の詩を読んで、問いに答えなさい。

教科書150ページ～151ページ

● 教科書150ページ「雨の中に馬がたっている……

● 教科書151ページ……雨は蕭々と降っている」

(1) この詩の用語・形式上の種類と、表現の特徴は何ですか。次から一つ選び、記号で答えなさい。

ア 文語自由詩で、反復と擬人法を用いて雨の様子を明るく表現している。

イ 口語自由詩で、反復と擬人法を用いて自然の風景を見たままに表現している。

ウ 口語自由詩で、反復と擬人法を用いて作者の気持ちをストレートに表現している。

（　　）

ヒント　この詩が描いているものは何かを考えよう。

(2) この詩は、馬のどんな様子を描いていますか。詩の中の言葉を用いて答えなさい。

（　　）

ヒント　詩の中でくり返されている馬の様子に着目しよう。

(3) 擬人法が用いられている言葉を、詩の中から二字で抜き出しなさい。

□□

ヒント　人でないものを、人のように表している言葉だよ。

(4) この詩の中で、遠くの山の景色を描いているのは何行目から何行目までですか。漢数字で答えなさい。

（　　）行目～（　　）行目

ヒント　噴煙をあげている山と、その煙の様子が描かれているよ。

(5) この詩の中で、作者の感動が表現されているのは何行目ですか。漢数字で答えなさい。

（　　）行目

ヒント　一行だけ、情景描写ではない行があるよ。

(6) この詩で作者が表現したかったことは何ですか。次から二つ選び、記号で答えなさい。

ア 雨にびっしょり濡れている馬たちの悲しみ。

イ 大自然の雄大さ。

ウ 噴煙をあげる山の荒々しさ。

エ 時間が止まったような、大自然の永遠性。

オ この大自然の一員になりたいという願望。

（　　）（　　）

ヒント　作者が感動したのは、この情景のどんなところかな。

ぴたトレ 1 要点チェック

音読を楽しもう いろは歌
古典の世界

解答 p.13

1 歴史的仮名遣い 現代の仮名遣いを書きなさい。

① いふ → (　　)
② ゐなか → (　　)
③ もみぢ → (　　)
④ やうなし → (　　)
⑤ 行かむ → (　　)
⑥ 悲しうて → (　　)

2 重要語句 正しい意味を下から選び、記号で答えなさい。

① (　　) にほふ　　**ア** 心をまどわされる。
② (　　) ゑふ　　**イ** 美しく照り映(は)える。

3 古典作品 説明に合う作品を後から選び、記号で答えなさい。

① (　　) 紫式部(むらさきしきぶ)作。主人公の恋愛(れんあい)と苦悩を描いた長編物語。
② (　　) 清少納言(せいしょうなごん)作。するどい感性と鮮明(せんめい)な描写が光る随筆(ずいひつ)。
③ (　　) 作者不明。平家一族の栄達と滅亡(めつぼう)を描いた軍記物語。
④ (　　) 兼好(けんこう)法師作。ユーモアや皮肉も加えた随筆。
⑤ (　　) 松尾芭蕉(まつおばしょう)作。俳句を詠(よ)みながら旅する紀行文。

ア 徒然草(つれづれぐさ)　**イ** 平家物語　**ウ** おくのほそ道
エ 枕草子(まくらのそうし)　**オ** 源氏物語

スタートアップ

「いろは歌」について

☑ 四十七の仮名文字を一回ずつ使って作られている。
☑ 七音・五音をくり返す七五調で、読みやすい。

「歴史的仮名遣い」と「現代の仮名遣い」の違い

歴史的仮名遣い	現代の仮名遣い
(語頭以外の)「は・ひ・ふ・へ・ほ」 例「いはひ」「おもふ」	「わ・い・う・え・お」 「いわい」「おもう」
「ゐ」「ゑ」「を」 例「ゐる」「をんな」	「い」「え」「お」 「いる」「おんな」
「ぢ」「づ」 例「いぢ」「めづらし」	「じ」「ず」 「いじ」「めずらし」
(母音の)「au・iu・eu」 例「こたふ」→「こたう (kotau)」 「ほしうて (hosiute)」 「けふ」→「けう (keu)」	「ô・yû・yô」 「ことう〈kotô〉」 「ほしゅうて (hosyûte)」 「きょう (kyô)」
「む」 例「なむ」「聞けむ」	「ん」 「なん」「聞けん」

音読を楽しもう　いろは歌

タイムトライアル 10分

解答 p.14

1 読解問題 「いろは歌」を読んで、問いに答えなさい。 教科書154ページ～155ページ

いろはⓐにほへと
ちりぬるを
わかよたれそ
つねⓑならむ
ⓒうゐのおくやま
ⓓけふこえて
あさきゆめみし
ⓔゑひもせす

色はにほへど
散りぬるを
我(わ)が世たれぞ
常ならむ
有為(うゐ)の奥山
今日(けふ)越えて
浅き夢見じ
酔(ゑ)ひもせず

「いろは歌」より

(1) ＝＝線ⓐ「にほへ」、ⓑ「ならむ」、ⓒ「うゐ」、ⓓ「けふ」、ⓔ「ゑひ」の現代の仮名遣いを答えなさい。

ⓐ（　　）　ⓑ（　　）　ⓒ（　　）
ⓓ（　　）　ⓔ（　　）

ヒント ハ行の音やワ行の音、母音や「む」などに着目しよう。

(2) ――線「にほへど」とありますが、ここではどんな意味ですか。次から一つ選び、記号で答えなさい。

ア 強くにおっていても。
イ 美しく照り映えていても。
ウ たくさん咲いていても。

（　　）

ヒント ここでの「色」は、「花の色」という意味だよ。

(3) 「いろは歌」の説明として、当てはまるものを次から二つ選び、記号で答えなさい。

ア 同じ仮名文字を何回も使っている。
イ 四十七の仮名文字を、一回ずつ使っている。
ウ 現代の仮名遣いで書かれている。
エ 七音と五音のくり返しになっている。

（　　）（　　）

ヒント 「原文」の仮名文字と、一行の音数を数えてみよう。

ぴたトレ 1 要点チェック

蓬莱(ほうらい)の玉の枝──「竹取(たけとり)物語」から

解答 p.14

1 新しく習った漢字　読み仮名を書きなさい。

①筒（　　）②冒頭（　　）③授かる（　　）④籠（　　）
⑤娘（　　）⑥姫（　　）⑦結婚（　　）⑧諦める（　　）
⑨訪れる（　　）⑩恐ろしい（　　）⑪尋ねる（　　）⑫斜面（　　）
⑬裾（　　）⑭奪う（　　）⑮迎える（　　）⑯召す（　　）
⑰添える（　　）⑱贈る（　　）⑲御(おん)文（　　）⑳承る（　　）

2 重要語句　正しい意味を下から選び、記号で答えなさい。

①（　　）よろづ　　ア 見劣りする。
②（　　）いと　　イ かわいらしい様子。
③（　　）うつくし　　ウ いろいろ。
④（　　）わろし　　エ とても。

スタートアップ

「竹取物語」とは

☑現存する日本最古とされる物語で、平安時代初め頃に作られたと考えられる。
☑作者は不明。
☑「源氏物語」で、「物語の出で(い)来はじめの祖(おや)」と評されている。

「歴史的仮名遣い」と「古典語の言葉」

☑「歴史的仮名遣い」には、「現代の仮名遣い」と違うものがある。（詳しくは、本書60ページを参照。）
例「いふ」→「いう」
「恋しうて」→「恋しゅうて」
☑「古典語の言葉」には、形が現代語と同じでも、主な意味が変化したものがある。
例「かなし」　古典語…かわいい。すばらしい。
現代語…泣きたくなるほどつらい。
☑現代語にはない、「古典語」だけに使われる言葉がある。
例「そばひら」（意味）斜面。

「かぐや姫」のお話の、もとになった物語だよ。一〇〇〇年以上も前に書かれた物語なのに、宇宙規模なのがすごいよね。

ぴたトレ2 練習

蓬莱の玉の枝――「竹取物語」から

タイムトライアル 10分

解答 p.14

1 読解問題 文章を読んで、問いに答えなさい。

教科書158ページ

今は昔、①竹取の翁といふものありけり。野山にまじりて竹を取りつつ、ⓐよろづのことに使ひけり。名をば、さぬきのみやつことなむいひける。ⓑ

その竹の中に、もと光る竹なむ一筋ありける。②あやしがりて、寄りて見るに、筒の中光りたり。それを見れば、三寸ばかりなる人、いと③うつくしうてゐたり。

現代語訳

今ではもう昔のことだが、竹取の翁とよばれる人がいた。野や山に分け入って竹を取っては、いろいろな物を作るのに使っていた。名前を、さぬきのみやつこといった。

（ある日のこと、）その竹林の中に、根元の光る竹が一本あった。不思議に思って、近寄って見ると、筒の中が光っている。それを見ると、（背丈）三寸ほどの人が、まことにかわいらしい様子で座っていた。

「蓬莱の玉の枝――『竹取物語』から」より

(1) ==線ⓐ「よろづ」、ⓑ「いひける」の現代の仮名遣いを答えなさい。

ⓐ（　　　）　ⓑ（　　　）

ヒント 「づ」、ハ行の音に着目しよう。

(2) ――線①「竹取の翁」について、答えなさい。

① 「竹取の翁」の名前を古文から抜き出しなさい。

（　　　）

ヒント 古文に「名をば」とある。これは「名前を」の意味だよ。

② 「竹取の翁」は、どんなことをして暮らしていましたか。それが書かれた一文を古文から探し、初めの三字を抜き出しなさい。

□□□

ヒント どうして「竹取の翁」とよばれていたのか考えよう。

(3) ――線②「あやしがりて」、③「うつくしうて」は、それぞれどんな意味ですか。現代語訳から抜き出しなさい。

②（　　　）　③（　　　）

ヒント 古文の「て」に当たる部分まで、落とさず抜き出そう。

ぴたトレ 3 確認テスト

蓬萊（ほうらい）の玉の枝――「竹取（たけとり）物語」から

時間20分

／100点

合格75点

解答 p.14

1 思考・判断・表現　文章を読んで、問いに答えなさい。　教科書160ページ2行～161ページ8行

その一人、くらもちの皇子（みこ）は、蓬萊の玉の枝を探しに行くと人々に告げて、いったん船出するが、すぐに引き返し、①かねての計画どおり、人目につかぬ家に閉じ籠もった。それから三年の間、玉作りの匠（たくみ）たちと寝食（しんしょく）を共にして、にせの玉の枝を作らせた皇子は、今船を下りたばかりというふうをよそおって、翁（おきな）の家を訪れる。そして、架空の冒険談をまことしやかに物語る。

次の一節は、皇子が、その冒険談のうち、多難な航海の末にようやくのことで探し当てたという、蓬萊山の様子を語る部分である。

これやわが求むる山ならむ（ン）と思ひ（イ）て、さすがに恐ろしくおぼえて、山のめぐりをさしめぐらして、二、三日ばかり、見歩（あり）くに、天人のⓐよそほひしたる女、山の中よりいで来て、銀（しろかね）の金鋺（かなまる）を持ちて、水をくみ歩く。これを見て、船より下りて、「この山の名を何とか申す。」と②問ふ（ウ）。女、答へ（エ）ていはく（ワ）、「これは、蓬萊の山なり。」と③答ふ（ウ）。④これを聞くに、⑤うれしきことかぎりなし。

その山、見るに、⑥さらに登るべきやう（ヨウ）なし。その山のそばひらをめぐれば、世の中になき花の木ども立てり。金（こがね）・銀・瑠璃（るり）色の水、山より流れいでたり。それには、色々の玉の橋渡せり。そのあたりに、照り輝（かかや）く木ども立てり。

(1) ――線ⓐ「よそほひ」、ⓑ「まうで」の現代の仮名遣いを答えなさい。　各5点

(2) ――線①「かねての計画」とは、どんな計画ですか。□に当てはまる言葉を文章中から抜き出しなさい。　各5点

①□家に閉じ籠もり、②□たちに、③□を作らせる計画。

(3) ――線②「問ふ。」③「答ふ。」の主語を現代文（地の文）から七字で、それぞれ抜き出しなさい。　各5点

(4) ――線④「これ」とは、どの言葉を指していますか。古文の中から抜き出しなさい。（符号・句読点を含む。）　10点

よく出る

(5) ――線⑤「うれしきことかぎりなし。」とは、どんな気持ちを表した言葉ですか。次から一つ選び、記号で答えなさい。　10点

ア 天人のように美しい女性に会えて、感動する気持ち。

イ 金・銀などの財宝が見つかり、ほっとする気持ち。

ウ 探し求めていた場所に着いて、喜ぶ気持ち。

(6) ――線⑥「さらに登るべきやうなし。」の意味を、現代語訳から抜き出しなさい。　5点

考える

(7) ――線⑦「いとわろかりしかども」とありますが、なぜ皇子はこのように言ったのですか。「見劣りするもの」「にせ」「玉の枝」という言葉を用いて、考えて答えなさい。　20点

その中に、この取りてまうで来たりしは、いとわろかりしかども、のたまひしに違はましかばと、この花を折りてまうで来たるなり。

現代語訳

これこそ私が探し求めていた山だろうと思って、（うれしくはあるのですが）やはり恐ろしく思われて、山の周囲をこぎ回らせて、二、三日ばかり、（様子を）見て回っていますと、天人の服装をした女性が、山の中から出てきて、銀のお椀を持って、水をくんでいきます。これを見て、（私は）船から下りて、「この山の名は何というのですか。」と尋ねました。女性は答えて、「これは、蓬莱の山です。」と言いました。これを聞いて、（私は）うれしくてたまりませんでした。

その山は、見ると、（険しくて）全く登りようがありません。その山の斜面の裾を回ってみると、この世には見られない花の木々が立っています。金・銀・瑠璃色の水が、山から流れ出てきます。その流れには、色さまざまの玉でできた橋が架かっています。その付近に、光り輝く木々が立っています。

その中で、ここに取ってまいりましたのは、たいそう見劣りするものでしたが、（姫が）おっしゃったものと違っていてはいけないだろう）と思い、この花の枝を折ってまいったのです。

「蓬莱の玉の枝――『竹取物語』から」より

2 ――線の片仮名を漢字で書きなさい。　各5点

① 旅行をアキラめる。　② 地位と財産をウバう。

③ お客様を自宅にムカえる。　④ 注文をウケタマワる。

2		1										
③	①	(7)	(6)	(5)	(4)	(3)		(2)			(1)	
						③	②	③	②	①	ⓐ	
④	②										ⓑ	

ぴたトレ 1 要点チェック

今に生きる言葉

解答 p.15

1 新しく習った漢字 読み仮名を書きなさい。

① 銘（　　） ② 矛盾（　　） ③ 蛇足（　　） ④ 堅い（　　）

2 故事成語 当てはまる意味を下から選び、記号で答えなさい。

①（　）矛盾
②（　）推敲(すいこう)
③（　）蛇足
④（　）四面楚歌(しめんそか)

ア 余計な付け足しのこと。
イ 周りが全て敵であること。
ウ つじつまが合わないこと。
エ 詩や文章の語や表現を練り上げること。

3 漢文訓読 正しい書き下し文を後から選び、記号で答えなさい。

①（　）誉(ほ)メテレ之(これ)ヲ曰(い)ハク、

ア 誉めて之を曰はく、　イ 之を誉めて曰はく、
ウ 之を曰はく誉めて、

②（　）陥(とほ)サバ二子(し)ノ之盾(たて)ヲ一何如(いかん)。

ア 子の盾を何如陥さば。　イ 何如子の盾を陥さば。
ウ 子の盾を陥さば何如。

スタートアップ

「故事成語」とは

☑ 中国の古典に由来し、歴史的な事実やエピソードなどの故事から生まれた言葉。

例 五十歩百歩　漁夫の利　蛍雪(けいせつ)の功　他山の石

漢文の訓読

☑ 白文…漢字だけで書かれた中国の文章。

例 其人弗能応也。

☑ 訓読…白文に、送り仮名・句読点・返り点を補い、日本語で読めるようにすること。

例 其(そ)ノ人(ひと)、弗(ざ)ルレ能(あた)ハレ応(こた)フルコト也(なり)。

送り仮名　句読点　返り点

● 送り仮名…漢字の右下に片仮名で小さく書かれた、送り仮名に「て・に・を・は」などを補ったもの。歴史的仮名遣いを用いる。
● 返り点…漢字の左下に添えた、読む順序を表す記号。
● 句読点…句や文の切れ目に補う「。」「、」など。

☑ 書き下し文…漢文を、漢字仮名交じりの文章に書き改めたもの。

例 其の人、応ふること能はざるなり。

由来や意味を調べてみよう。

ぴたトレ 2

練習

今に生きる言葉

タイムトライアル 10分

解答 p.15

1 読解問題 文章を読んで、問いに答えなさい。

教科書171ページ

矛盾

楚人に、盾と矛とを鬻ぐ者有り。①之を誉めて曰はく、「吾が盾の堅きこと、能く陥すもの莫きなり。」と。又、其の矛を誉めて曰はく、「吾が矛の利なること、②物に於いて陥さざる無きなり。」と。或るひと曰はく、「③子の矛を以て、子の盾を陥さば何如。」と。其の人、応ふること能はざるなり。

現代語訳

楚の国の人で、盾と矛を売る者がいた。(その人が)盾をほめて、「私の盾の堅いことといったら、(これを)つき通せるものはない。」と言った。また、矛をほめて、「私の矛のするどいことといったら、どんなものでもつき通せないものはない。」と言った。(そこで、)ある人が、「あなたの矛で、あなたの盾をつき通すとどうなるのかね。」と尋ねた。④その人は答えることができなかったのである。

「今に生きる言葉」より

(1) ——線①「之」は何を指していますか。書き下し文から抜き出しなさい。

(　　)

ヒント 続く会話文では、何をほめているかな。

(2) ——線②「物に於いて陥さざる無きなり。」とは、どんな意味ですか。次から一つ選び、記号で答えなさい。

ア 物によってつき通す。
イ どんな物でもつき通せない。
ウ どんな物でもつき通す。

(　　)

ヒント つきさす武器の「矛」をほめて言っている言葉だよ。

(3) ——線③「子」とは、どんな意味ですか。現代語訳から三字で抜き出しなさい。

□□□

ヒント 「或るひと」が尋ねた言葉に二回出てくるよ。

(4) ——線④「その人は答えることができなかった」とありますが、それはなぜですか。次から一つ選び、記号で答えなさい。

ア 自分が盾と矛をほめた言葉を忘れてしまったから。
イ 自分の話のつじつまが合わないことに気づいたから。
ウ 何を尋ねられているのか理解できなかったから。

(　　)

ヒント 「その人」はどのように「盾」と「矛」をほめているかな。

ぴたトレ 1 要点チェック

「不便」の価値を見つめ直す

川上浩司（かわかみひろし）

解答 p.15

1 新しく習った漢字 読み仮名を書きなさい。

①要る（　）②一般（　）③途中（　）④施設（　）
⑤繰る（　）⑥促す（　）⑦遂げる（　）⑧法（ほう）の下（　）
⑨支援（　）⑩面倒（　）

2 重要語句 正しい意味を下から選び、記号で答えなさい。

①（　）けげん
②（　）価値観
③（　）指針
④（　）一般に
⑤（　）実践（じっせん）
⑥（　）負担
⑦（　）固定観念

ア 物事を進めるべき方向。
イ 強く思い込んで、変更が困難な考え。
ウ 何に価値を見いだすかの考え方。
エ 納得のいかないさま。
オ 仕事や責任などを引き受けること。
カ 自分で実際に行うこと。
キ 全体に広くいきわたっていること。

3 「不便」のよい面 「不便」のよい面に○を付けなさい。

ア（　）機械の設計を自動化すると、仕事が楽になる。
イ（　）タクシーに乗らず徒歩にすると、出会いや発見がある。
ウ（　）介護施設にわざと段差や階段を設けることで、体力の低下が防げる。
エ（　）バリアフリーにすると、車椅子などの移動が簡単になる。

4 「不便益」 当てはまる言葉を書きなさい。

・「不便益」とは、「　　」だからこそ得られる　　のことである。

得点UPポイント

キーワードを押さえる！

☑ 評論的文章を読解する場合は、「キーワード」を見つけることが重要である。

☑ 「キーワード」の説明や言い換えなどがあったら、――などの印を付けておくと理解しやすくなる。

左の文章では、「不便益」について、説明しているよ。

ぴたトレ 2

練習

「不便」の価値を見つめ直す

タイム トライアル 8分

解答 p.15

1 読解問題 文章を読んで、問いに答えなさい。 教科書177ページ4行〜15行

　私も、元は設計の自動化について研究していた。①何か欲しいものがあれば、自動的に設計してくれるコンピュータを作れたらどんなにかすばらしいだろうと考えていたのだ。ところが、あるとき、次のような疑問が生じた。全てを自動化できれば確かに楽にはなるが、その分、自分で考えることによって得られる達成感や喜び、技術の向上も望めないことになる。それは、本当に人の生活を豊かにするデザインなのだろうか、と。確かに、便利になることで楽になるという側面はある。そして、それが必要な場面もあるだろう。しかし、一様に便利さばかりを追求し続けることで、私たちの生活や社会は本当に豊かになっていくだろうか。今、便利の追求以外の新たな発想が求められているのではないか。

　このような考えから私が着目したのが、これまで見過ごされてきた「不便」の価値である。私は、不便だからこそ得られるよさを②「不便益」とよび、その発想を新しいデザインに生かせないか、日々研究している。

川上浩司「『不便』の価値を見つめ直す」より

(1) ——線①「何か欲しいもの……コンピュータ」とありますが、このような「コンピュータ」を作った場合、筆者はどんなマイナス面があると考えていますか。文章中から一文で探し、初めの六字を抜き出しなさい。

ヒント コンピュータに全て任せると、どうなるのかな。

(2) ——線②「不便益」について、答えなさい。

① 「不便益」の発想は、筆者のどんな考えから生まれましたか。それが書かれたひと続きの二文を文章中から探し、初めの三字を抜き出しなさい。

ヒント 筆者は、便利を追求し続けることに疑問を感じているよ。

② 「不便益」の定義を、筆者は何と定めましたか。文章中から抜き出しなさい。

(　　　)

ヒント 何を「不便益」とよぶことにしたのかな。

(3) 筆者は、今、何を研究していますか。簡潔に答えなさい。

(　　　)

ヒント 「日々研究している。」という言葉に着目しよう。

ぴたトレ 3 確認テスト

「不便」の価値を見つめ直す

1 思考・判断・表現 文章を読んで、問いに答えなさい。

教科書181ページ13行〜183ページ11行

こうして集めた事例を整理すると、「①不便益」とは何かが浮かび上がってくる。まだ、整理の途中の段階ではあるが、主には次のようなことが挙げられるだろう。

まず、物事を達成するのにかかる時間や道のりが多くなる分、発見や出会いの機会が増える。次に、体力や知力、技術力の維持や向上を促す。自分の体や頭を使うことが、自然と体力・知力・技術力の低下を防ぎ、それらを向上させるからだ。また、「不便」であることは、人間の意欲を向上させる効果もある。自分で考えたり工夫したりする余地があるからこそ、取り組むときのモチベーションが高まり、成し遂げたときの達成感が大きくなるのだ。なお、一つの事例に複数の「不便益」が含まれることも少なくない。例えば、タクシーよりも徒歩のほうが発見や出会いの機会が増えるとともに、運動能力の低下を防ぐことにもなる。

(1) ――線①「不便益」とありますが、それに当てはまるものには○を、当てはまらないものには×を書きなさい。 各5点

① 自分の力に頼ることで、体力・知力の消耗が早くなる。
② 時間や道のりが多くなる分、発見や出会いの機会が増える。
③ 物事を達成するのにかかる時間が多くなる。
④ 自分の体や頭を使うことで、体力・知力などが向上する。
⑤ 取り組むときのモチベーションが上がり、達成感が大きくなる。

よく出る
(2) ――線②「固定観念にとらわれ」について、答えなさい。

① ここでの「固定観念」とは、どんな考え方のことですか。文章中の言葉を用いて答えなさい。 5点

② 「固定観念にとらわれ」てしまうと、どうなるのですか。それが書かれた部分を文章中から二つ探し、初めと終わりの五字を抜き出しなさい。（符号・句読点を含む。） 各10点

(3) ――線③「さまざまな分野で……なされ始めている。」とありますが、この研究や提案の基になっている考え方は何ですか。文章中から十字以内で抜き出しなさい。（符号を含む。） 5点

(4) ――線④『不便益』は……日常生活にも生きる発想だ。」とありますが、「日常生活」に生かした場合、見えてくるものは何ですか。文章中から十字で抜き出しなさい。 10点

考える
(5) この文章で、筆者が最も述べたかったのは、どんなことですか。「便利」「不便」「世界」という言葉を用いて答えなさい。 15点

時間20分
／100点
合格75点
解答 p.15

これらの「不便益」は、「不便」だからこそ得られるものだ。「便利はよいこと」で「不便は悪いこと」という②固定観念にとらわれ、ただ無批判に「便利」なほうばかりを選んでいては、「不便」の価値を見落としてしまう。さらに、「便利はよいこと」という考えの下、社会全体が「便利」だけを追求していけば、私たち一人一人は自分でどちらかを選ぶことすらできないまま、知らぬ間に、本来得られていた楽しさや喜びが失われたり、自分の能力を発揮する機会が奪われたりすることになるだろう。

誤解してほしくないのは、私は便利であることを否定し、昔の不便な生活に戻ろうと言っているわけでも、不便なことは全てすばらしいと考えているわけでもないということだ。「不便」だからこそ得られるよさがあることを認識し、それを生かして新しいデザインを創り出そうというのが「不便益」の考え方なのである。今、この考え方に賛同する仲間たちによって、自動車の運転支援の在り方や観光ツアーの仕掛け作りなど、③さまざまな分野で新たな研究や提案がなされ始めている。

④「不便益」は、物事のデザインだけでなく、日常生活にも生きる発想だ。あなたの日々の生活の中で、「不便で嫌だな。」「面倒くさいな。」と思ってさけてきた物事の中に、実は、新しい気づきや楽しみが隠れているかもしれない。これまでの常識とは異なる別の視点をもつことで、世界をもっと多様に見ることができるようになるはずだ。あなたの周りには、どんな「不便益」があるだろうか。もう一度、生活を見つめ直してみよう。

川上 浩司「『不便』の価値を見つめ直す」より

2 ――線の片仮名を漢字で書きなさい。 各5点

① 集中力のイる作業。
② イッパン的な考え。
③ 公共シセツで働く。
④ 本のページをクる。

1									2			
(1)					(2)		(3)	(4)	(5)			
①	②	③	④	⑤	①	② 〜 〜				①	②	③	④

ぴたトレ 1 要点チェック

文法への扉2 言葉の関係を考えよう

（漢字に親しもう4）

解答 p.16

1 新しく習った漢字 読み仮名を書きなさい。

①（　）現役 ②（　）忙しい ③（　）斬新 ④（　）就く
⑤（　）祈願 ⑥（　）旺盛 ⑦（　）素直 ⑧（　）肝要
⑨（　）完璧 ⑩（　）神宮 ⑪（　）稼ぐ ⑫（　）渇く
⑬（　）滞る ⑭（　）沸く ⑮（　）衰える ⑯（　）詣でる
⑰（　）搾る ⑱（　）刺す

2 重要語句 正しい意味を下から選び、記号で答えなさい。

①（　）斬新　**ア** 非常に大切な様子。
②（　）旺盛　**イ** 活力が満ちあふれている様子。
③（　）肝要　**ウ** きわ立って、目新しい様子。

スタートアップ

文節どうしの関係

文は、文の成分によって成り立っているよ。

主・述の関係	主語と述語の結び付き。 ・主語…「何が」「誰が」に当たる文節。 ・述語…「どうする」「何だ」などに当たる文節。
修飾・被（ひ）修飾の関係	修飾する文節と修飾される文節の関係。 ・修飾語…他の文節を詳しく説明したり、内容を補ったりする文節。連用修飾語と連体修飾語がある。
接続の関係	接続語がつなぐ前後の文の関係、理由や条件などを示す接続語と後続の文節との関係。 ・接続語…文と文、文節と文節をつなぐ文節。
独立の関係	独立語と、それ以外の文節との関係。 ・独立語…他の文節と関係がなく、独立している文節。

連文節

☑ 複数の文節がまとまり、一つの文節の働きをするもの。

並立の関係	二つ以上の文節が対等の関係で並ぶ。
補助の関係	主な意味を表す文節に、意味を補う文節が付く。

ぴたトレ2 練習

文法への扉2 言葉の関係を考えよう

タイムトライアル 8分

解答 p.16

1 文の成分について、答えなさい。

(1) ――線の文節は、どんな文の成分になっていますか。後から一つずつ選び、記号で答えなさい。

① 遠くで 誰かが 呼んで いる。
② おやつ、あれは 何だろう。
③ 寒いから、早く 帰りたい。
④ よい においの 花が 咲いた。
⑤ この 本は とても おもしろい。

ア 主語 **イ** 述語 **ウ** 修飾語 **エ** 接続語 **オ** 独立語

(2) 次の文から、接続語、または独立語を抜き出しなさい。

① 努力すれば、きっとチャンスがめぐってくる。
② 桜、それは日本を代表する花だ。

2 文節どうしの関係について、答えなさい。

(1) 次の文から、主語と述語の関係を一組ずつ見つけ、A主語、B述語の文節を書きなさい。

① 時間どおりに 電車が 出発した。
② 子供だって 頑張れば 英語を 話せる。

(2) 次の文から、修飾・被修飾の関係を一組ずつ見つけ、A修飾語、B被修飾語の文節を書きなさい。

① 冷たい 雨が 降る。
② 明日 祖父が 来る。

3 連文節について、答えなさい。

(1) ――線の連文節は、どんな文の成分になっていますか。後から一つずつ選び、記号で答えなさい。

① 寒い冬がやってきた。
② あの山は高くて険しい。
③ とても暑いので、どこかで涼みたい。

ア 主部 **イ** 述部 **ウ** 修飾部 **エ** 接続部 **オ** 独立部

(2) 次の文章から、①並立の関係にある連文節と、②補助の関係にある連文節を抜き出しなさい。

今日は一日中雨だった。だから、私と姉は、部屋に積んである本をいっしょに片づけた。

1		2				3	
(1)	(2)	(1)		(2)		(1)	(2)
①	①	①	②	①	②	①	①
②	②	A	A	A	A	②	②
③		B	B	B	B	③	
④							
⑤							

ぴたトレ 3 確認テスト

文法への扉2 言葉の関係を考えよう

時間20分 ／100点 合格75点 解答p.16

1 文節どうしの関係について、答えなさい。

(1) 次の文から、主語と述語を文にある順に抜き出しなさい。 各2点

① 雨が しとしとと 降る。
② 昨日 妹は 図書館に 行った。
③ 机の 上に 本が ある。
④ あの 高い 山に 君は 登るのか。
⑤ 彼女は 今年の マラソン大会で 優勝した。

(2) ——線の修飾語が修飾している文節を抜き出しなさい。 各2点

① 大声で 笑う 声が 聞こえる。
② 昨日から 犬の タロウが よく ほえる。
③ それは とても 感動的な 映画だった。
④ 彼とは どこかで きっと また 会えるよ。
⑤ 弟は コップの 水を 飲んだ。

(3) ——線の修飾語が、連体修飾語ならA、連用修飾語ならBを書きなさい。 各2点

① 日差しはとても暖かい。
② 遠くの山を眺める。
③ 母と映画を見に行く。
④ 部屋にきれいな花を飾る。

(4) 次の文から接続語を抜き出しなさい。 各2点

① 雨だったら、出かけるのは やめる。
② 寒いので、コートを 着よう。
③ 宿題は 終わった。さて、何を して 遊ぼうか。
④ 約束の 時間を 過ぎた。しかし、友達は まだ 来ない。

(5) 次の文から独立語を抜き出しなさい。 各2点

① こんにちは、今日も よい 天気ですね。
② あっ、かさを 忘れた。
③ 八月十五日、それは 終戦記念日だ。

(6) ——線の文節どうしはどんな関係ですか。当てはまるものをそれぞれ後から一つ選び、記号で答えなさい。 各3点

① この 本は とても おもしろい。
② 雨が やんだら、校庭で サッカーを しよう。
③ おもしろかったから、もう一度 読もう。
④ こんばんは、今夜は いい 月夜だね。
⑤ 疲れたが、走り続けた。
⑥ 彼こそ 生徒会長に ふさわしい。
⑦ 日曜日に 買い物に 行く。
⑧ もしもし、山田さんの お宅ですか。

ア 主・述の関係	**イ** 修飾・被修飾の関係
ウ 接続の関係	**エ** 独立の関係

2 連文節について、答えなさい。

(1) ――線が連文節ならば○を、連文節でなければ×を書きなさい。 各1点

① 犬が　ワンワン　ほえて　いる。
② 校庭には　高くて　大きい　木が　ある。
③ 東の　空に　太陽が　昇る。
④ 走ったが　電車は　出発して　しまった。
⑤ 私の　趣味（しゅみ）は　ピアノを　弾く　ことです。

(2) ――線の連文節は、どんな文の成分になっていますか。当てはまるものをそれぞれ後から一つ選び、記号で答えなさい。 各3点

① 風が　吹くと　桜の　花が　散って　しまう。
② 今日、新しい　運動靴を　初めて　履いた。
③ 走って　くるのは　弟だ。
④ 庭に　たくさんの　花が　咲いて　いる。
⑤ 食事と　運動、これが　健康には　大切だ。
⑥ 静かな　部屋で　読書を　楽しむ。
⑦ 私は　海に　しずむ　太陽を　ずっと　見つめて　いた。

ア 主部	**イ** 述部	**ウ** 修飾部	**エ** 接続部
オ 独立部			

(3) ――線の連文節の関係が、並立の関係ならAを、補助の関係ならBを書きなさい。 各2点

① 鳥が　木の　枝で　鳴いて　いる。
② 空に　丸い　大きな　月が　出た。
③ そこに　置いて　ある　本を　取って　ください。
④ ゆっくりと　深く　息を　吸い込む。

		解答欄
1	(1)	① ② ③ ④ ⑤
1	(2)	① ② ③ ④ ⑤
1	(3)	① ② ③ ④
1	(4)	① ② ③ ④
1	(5)	① ② ③
1	(6)	① ② ③ ④ ⑤ ⑥ ⑦ ⑧
2	(1)	① ② ③ ④ ⑤
2	(2)	① ② ③ ④ ⑤ ⑥ ⑦
2	(3)	① ② ③ ④

ぴたトレ1 要点チェック

考える人になろう

解答 p.17

1 新しく習った漢字　読み仮名を書きなさい。

①（　　）触れる　②（　　）真剣　③（　　）自慢　④（　　）特殊　⑤（　　）翼

2 重要語句　正しい意味を下から選び、記号で答えなさい。

①（　　）メディア　ア 自分の考えで判断し、処理すること。
②（　　）制約　イ 物事をよく調べて考えること。
③（　　）考察　ウ 条件をつけて、自由を制限すること。
④（　　）テンション　エ 気分や気持ちのこと。
⑤（　　）ユニーク　オ 普通と異なること。
⑥（　　）特殊　カ 情報を伝える媒体。手段。
⑦（　　）裁量　キ 物事を知り、考え、判断する能力。
⑧（　　）知性　ク 独特であるさま。

「テンション」は、本来「精神的な緊張。不安」という意味。誤った使い方が広まって、現在の意味が定着したんだ。

3 登場人物・場面設定　人物（名）・場所・名称を書きなさい。

「君たちはどう生きるか」（吉野源三郎）
①（　　）…主人公。
②（　　）…主人公を温かく見守っている人。
③（　　）…ふたりが町を見おろしている場所。

「たのしい制約」（佐藤雅彦）
④「（　　）」…学生に課題を出す筆者自身。
⑤（　　）…学生に課題を出している場所。
⑥「（　　）」…研究会の名前。

得点UPポイント
登場人物や筆者の発想・考えなどを読み取る！

☑ 物語では、会話や行動、心の中の声に、登場人物の発想や考えが表現されていることが多い。
☑ エッセイ集では、筆者自身の言葉で、そのときの思いや考えが表現されている。

左の文章では、「制約」について筆者が考えたことが書かれているよ。

考える人になろう

タイムトライアル 12分

解答 p.17

1 読解問題 文章を読んで、問いに答えなさい。

教科書193ページ上9行～下7行

他人から条件を与えられるのではなく、①自分で好きな条件を付けられるのだから、さらにいい表現が生まれるだろうと思ったが、とんでもなかった。制限時間の十分を過ぎてもみんな顔を上げない。悩んでいるさまを見てさらに五分延ばしたが、それでも②結果はぼろぼろであった。

あんな制約のある特殊な課題には喜々として取り組み、すばらしい答えを出した学生が、自分の裁量で自由に制約を変えられるとなったとたん、全くどうしていいのかわからなくなってしまったのです。

僕たちは何であれ、さまざまな制約の下で活動しています。そして制約が全て悪いほうに働くのではなく、「ちょうどいい制約」というものがあり、その制約があるからこそ、③人間のもっている知性という翼を自由にはばたかせる喜びもある。研究会が終わり、黒板に残された二つの課題の回答をぼんやり見ながら、そんなことを考えていました。

（二〇〇〇年一月十九日）

佐藤 雅彦「たのしい制約」より

(1) ――線①「自分で好きな条件を付けられる」とありますが、これと同じ意味の表現を文章中から抜き出しなさい。

（　　　）

ヒント 自分で自由に約束事を決められるということだよ。

(2) ――線②「結果はぼろぼろであった。」とは、どんな結果になったということですか。文章中の言葉を用いて答えなさい。

（　　　）

ヒント 制約があるときと反対の結果になったんだね。

(3) ――線③「人間のもっている……喜び」について、答えなさい。

① これはどんなことを言っているのですか。次から一つ選び、記号で答えなさい。

ア 自分の知性の働きを制約するものから自由になれる喜び。
イ 自分の知性で創造的なものを導き出す喜び。
ウ 自分の知識がどんどん増えていく喜び。

（　　　）

ヒント 自分の知性で学生たちはすばらしい答えが出せたんだよ。

② これを得るためには、何が必要なのですか。

（　　　）

ヒント 「その制約があるからこそ」の「その制約」とは何かな。

ぴたトレ 1 要点チェック

少年の日の思い出

ヘルマン・ヘッセ／高橋健二（たかはしけんじ）訳

解答 p.17

1 新しく習った漢字　読み仮名を書きなさい。

①書斎（　）　②闇（　）　③不愉快（　）　④微笑（　）
⑤甲高い（　）　⑥遊戯（　）　⑦網（　）　⑧斑点（　）
⑨瓶（　）　⑩模範（　）　⑪妬む（　）　⑫欠陥（　）
⑬羨ましい（　）　⑭優雅（　）　⑮悟る（　）　⑯震える（　）
⑰繕う（　）　⑱罰（　）　⑲丹念（　）　⑳依然（　）
㉑軽蔑（　）　㉒喉笛（　）　㉓罵る（　）　㉔償い（　）

2 重要語句　正しい意味を下から選び、記号で答えなさい。

①（　）下劣　　ア　心を込めて丁寧（ていねい）にする様子。
②（　）丹念　　イ　下品でいやしい様子。

3 主な登場人物　回想部分に出てくる人物（名）を書きなさい。

①「（　）」…ちょう集めに夢中な少年。語り手。
②（　）…非の打ちどころがない、模範少年。
③（　）…罪を告白するように言い聞かせる。

4 場面構成　当てはまる言葉を書きなさい。

①前半…現在の書斎での客との会話。語り手は「（　）」。
②後半…客の回想部分。語り手は「（　）」。
・（　）歳ぐらい…ちょうを見せた隣の少年に、傷つけられる。
・（　）歳ぐらい…クジャクヤママユをつぶして軽蔑された「僕」は、収集したちょうを押しつぶした。

得点UPポイント

人物のとった行動から、心情を読み取る！

☑ 人物の行動には、そのときの心情が色濃く表れる。
☑ 場面ごとに心情を押さえ、展開に沿ってどう変化したかを読み取る。

左の文章では、「僕」のちょうに対する熱情が読み取れるよ。

ぴたトレ 2 練習

少年の日の思い出

タイムトライアル 10分

解答 p.18

1 読解問題 文章を読んで、問いに答えなさい。

教科書201ページ3行～15行

今でも、美しいちょうを見ると、おりおり、あの熱情が身にしみて感じられる。そういう場合、僕はしばしの間、子供だけが感じることのできる、あのなんともいえない、むさぼるような、うっとりした感じに襲われる。少年の頃、初めてキアゲハにしのび寄った、あのとき味わった気持ちだ。また、そういう場合、僕は、すぐに幼い日の無数の瞬間を思い浮かべるのだ。強くにおう、乾いた荒野の、焼けつくような昼下がり、庭の中の涼しい朝、神秘的な森の外れの夕方、僕は、まるで宝を探す人のように、網を持って待ち伏せていたものだ。そして、美しいちょうを見つけると、特別に珍しいのでなくったってかまわない、ひなたの花に止まって、色のついた羽を呼吸とともに上げ下げしているのを見つけると、とらえる喜びに息もつまりそうになり、しだいにしのび寄って、輝いている色の斑点の一つ一つ、透き通った羽の脈の一つ一つ、触角の細いとび色の毛の一つ一つが見えてくると、その緊張と歓喜(かんき)ときたらなかった。そうした微妙な喜びと、激しい欲望との入り交じった気持ちは、その後、そうたびたび感じたことはなかった。

〈ヘルマン・ヘッセ／高橋 健二 訳「少年の日の思い出」〈「ヘッセ全集 二」〉より〉

(1) ――線①「むさぼるような、うっとりした感じ」とありますが、同じように気持ちを表す言葉を文章中から二か所探し、それぞれ□に当てはまるように抜き出しなさい。

・□□と□□
・□□□□□と□□□□□

ヒント 「僕」がちょうをとらえる際の気持ちの描写に着目しよう。

(2) 「僕」が、いろんな場所で、時間の許す限り、ちょう集めに打ち込んでいたことがわかる一文を探し、初めの五字を抜き出しなさい。

□□□□□

ヒント 「場所」や「時間」がわかる表現を探そう。

(3) ――線②「輝いている色の……見えてくる」の部分には、「一つ一つ」という言葉が三回繰り返されています。この表現にはどんな効果がありますか。次から一つ選び、記号で答えなさい。

ア ちょう集めに熱中する様子を印象的に表す効果。
イ ちょうを見つめながら近寄っていく様子を強調する効果。
ウ ちょうがあちこちに、複数いることを示す効果。

(　　)

ヒント 描写がしだいに細かくなっていることに気づこう。

ぴたトレ 3

確認テスト①

少年の日の思い出

時間20分　／100点　合格75点

解答 p.18

1 思考・判断・表現

文章を読んで、問いに答えなさい。　教科書205ページ10行〜207ページ5行

①胸をどきどきさせながら、②僕は紙切れを取りのけたいという誘惑(ゆうわく)に負けて、留め針を抜いた。すると、四つの大きな不思議な斑点が、挿絵のよりはずっと美しく、ずっとすばらしく、僕を見つめた。それを見ると、この宝を手に入れたいという、逆らいがたい欲望を感じて、③僕は、生まれて初めて盗みを犯した。僕は、ピンをそっと引っ張った。ちょうは、もう乾いていたので、形はくずれなかった。僕は、それをてのひらにのせて、④エーミールの部屋から持ち出した。そのとき、さしずめ僕は、大きな満足感のほか何も感じていなかった。

ちょうを右手に隠して、僕は階段を下りた。そのときだ。下の方から誰か僕の方に上がってくるのが聞こえた。その瞬間に、僕の良心は目覚めた。僕は突然(とつぜん)、自分は盗みをした、下劣なやつだということを悟った。同時に、見つかりはしないか、という恐ろしい不安に襲われて、僕は、本能的に、獲物を隠していた手を上着のポケットにつっ込んだ。ゆっくりと僕は歩き続けたが、⑤大それた恥ずべきことをしたという、冷たい気持ちに震えていた。上がってきた女中と、びくびくしながら擦れ違ってから、僕は⑥胸をどきどきさせ、額にあせをかき、落ち着きを失い、自分自身におびえながら、家の入り口に立ち止まった。

すぐに僕は、このちょうを持っていることはできない、持っていてはならない、元に返して、できるなら、何事もなかったようにし

よく出る

(1) ──線①「胸をどきどきさせながら」、⑥「胸をどきどきさせ」とありますが、「僕」の気持ちは違っています。それぞれの気持ちを次から一つ選び、記号で答えなさい。　各5点

ア　劣等感　　イ　期待感　　ウ　満足感　　エ　不安感

(2) ──線②「僕は紙切れを取りのけたいという誘惑に負けて」とありますが、紙切れの下には何があったのですか。文章中から十二字で抜き出しなさい。　10点

よく出る

(3) ──線③「僕は、生まれて初めて盗みを犯した。」とありますが、「僕」はなぜ、盗みを犯したのですか。文章中の言葉を用いて、具体的に答えなさい。　15点

(4) ──線④「エーミールの部屋から持ち出した。」とありますが、そのときの「僕」の気持ちを文章中から六字で抜き出しなさい。　10点

(5) ──線⑤「大それた……冷たい気持ちに震えていた。」とありますが、「僕」は、自分のことをどう思ってこんな気持ちになったのですか。簡潔に答えなさい。　10点

(6) ──線⑦「不幸」とありますが、どんなことを「不幸」と言っているのですか。二十字以内で答えなさい。　10点

考える

(7) ──線⑧「それをすっかり……喜んで投げ出したろう。」とありますが、ここから「僕」のどんな気持ちがわかりますか。考えて答えなさい。　15点

ておかなければならない、と悟った。そこで、人に出くわして見つかりはしないかということを極度に恐れながらも、急いで引き返し、階段を駆け上がり、一分の後には、またエーミールの部屋の中に立っていた。僕は、ポケットから手を出し、ちょうを机の上に置いた。それをよく見ないうちに、僕はもう、どんな⑦不幸が起こったかということを知った。そして、泣かんばかりだった。クジャクヤママユはつぶれてしまったのだ。前羽が一つと触角が一本、なくなっていた。ちぎれた羽を用心深くポケットから引き出そうとすると、羽はばらばらになっていて、繕うことなんかもう思いも寄らなかった。

盗みをしたという気持ちより、自分がつぶしてしまった、美しい、珍しいちょうを見ているほうが、僕の心を苦しめた。微妙なとび色がかった羽の粉が、自分の指にくっついているのを見た。また、ばらばらになった羽がそこに転がっているのを見た。⑧それをすっかり元どおりにすることができたら、僕は、どんな持ち物でも楽しみでも、喜んで投げ出したろう。

〈ヘルマン・ヘッセ／高橋 健二 訳「少年の日の思い出」〈「ヘッセ全集 二」〉より〉

2 ――線の片仮名を漢字で書きなさい。 各5点

① ショサイで本を読む。
② フユカイな気持ちになる。
③ ビショウを浮かべる。
④ 機械にケッカンが見つかる。

1							2	
(1)	(2)	(3)	(4)	(5)	(6)	(7)	①	③
①								
⑥							②	④

ぴたトレ **3** 確認テスト②

少年の日の思い出

時間20分　／100点　合格75点　解答 p.19

1 思考・判断・表現　文章を読んで、問いに答えなさい。　教科書208ページ6行〜210ページ8行

　あの模範少年でなくて、他の友達だったら、すぐにそうする気になれただろう。彼が、僕の言うことをわかってくれないし、おそらく全然信じようともしないだろうということを、僕は前もってはっきり感じていた。そのうちに夜になってしまったが、①僕は出かける気になれなかった。母は、僕が中庭にいるのを見つけて、

「今日のうちでなければなりません。さあ、行きなさい。」

と、小声で言った。それで、僕は出かけていき、

「エーミールは？」

と尋ねた。彼は出てきて、すぐに、誰かがクジャクヤママユをだいなしにしてしまった、悪いやつがやったのか、あるいは猫がやったのかわからない、と語った。僕は、そのちょうを見せてくれ、と頼んだ。二人は上に上がっていった。彼はろうそくをつけた。僕は、だいなしになったちょうが展翅（てんし）板の上にのっているのを見た。②エーミールがそれを繕うために努力した跡が認められた。壊れた羽は丹念に広げられ、ぬれた吸い取り紙の上に置かれてあった。しかし、③それは直すよしもなかった。触角もやはりなくなっていた。そこで、それは僕がやったのだ、と言い、詳しく話し、説明しようと試みた。

　すると、エーミールは、激したり、僕をどなりつけたりなどはしないで、低く「ちぇっ。」と舌を鳴らし、しばらくじっと僕を見つめていたが、それから、

よく出る
(1)　――線①「僕は出かける気になれなかった。」とありますが、それはなぜですか。文章中の言葉を用いて答えなさい。　10点

(2)　――線②「エーミールがそれを繕うために努力した跡が認められた。」とありますが、彼が努力した様子がわかる一文を文章中から探し、初めの五字を抜き出しなさい。　10点

(3)　――線③「直すよしもなかった。」は、「直す方法もなかった。」という意味ですが、なぜ直せなかったのですか。文章中の言葉を用いて答えなさい。　10点

(4)　――線④「君がちょうをどんなに取り扱っているか」とありますが、どのように取り扱っているというのですか。次から一つ選び、記号で答えなさい。　10点

ア　珍しいちょうなのに、展翅に失敗してだいなしにしている。

イ　ちょうの収集品を乱暴に扱って壊している。

ウ　人のちょうを盗んでは自分のものにしている。

(5)　――線⑤「僕は悪漢だということに決まってしまい」とありますが、「僕」が「悪漢だということに決まってしまっ」たのは、なぜですか。文章中の言葉を用いて答えなさい。　10点

よく出る
(6)　――線⑥「彼は罵りさえしなかった。……軽蔑していた。」とありますが、こんなエーミールの態度から、「僕」はどんなことを悟りましたか。文章中から抜き出しなさい。　10点

考える
(7)　――線⑦「ちょうを一つ一つ取り出し、指で粉々に押しつぶしてしまった。」とありますが、このとき「僕」はどんな気持ちだったと思いますか。考えて答えなさい。　20点

「そうか、そうか、つまり君はそんなやつなんだな。」
と言った。

僕は、彼に、僕のおもちゃをみんなやる、と言った。それでも、彼は冷淡（れいたん）に構え、依然僕をただ軽蔑的に見つめていたので、僕は、自分のちょうの収集を全部やる、と言った。しかし、彼は、

「結構だよ。僕は、君の集めたやつはもう知っている。そのうえ、今日また、④君がちょうをどんなに取り扱っているか、ということを見ることができたさ。」
と言った。

その瞬間、僕は、すんでのところであいつの喉笛に飛びかかるところだった。もうどうにもしようがなかった。⑤僕は悪漢だということに決まってしまい、エーミールは、まるで世界のおきてを代表でもするかのように、冷然と、正義を盾に、あなどるように僕の前に立っていた。⑥彼は罵りさえしなかった。ただ僕を眺めて、軽蔑していた。

そのとき、初めて僕は、一度起きたことは、もう償いのできないものだということを悟った。僕は立ち去った。母が根掘り葉掘りきこうとしないで、僕にキスだけして、構わずにおいてくれたことをうれしく思った。僕は、「とこにお入り。」と言われた。僕にとってはもう遅い時刻だった。だが、その前に、僕は、そっと食堂に行って、大きなとび色の厚紙の箱を取ってき、それを寝台（しんだい）の上にのせ、闇の中で開いた。そして、⑦ちょうを一つ一つ取り出し、指で粉々に押しつぶしてしまった。

〈ヘルマン・ヘッセ／高橋 健二 訳「少年の日の思い出」〈「ヘッセ全集 二」〉より

2 ――線の片仮名を漢字で書きなさい。 各5点

① おユウギの時間になる。
② ビン詰めのジャム。
③ 彼の才能がウラヤましい。
④ ユウガに曲をかなでる。

1							2	
(1)	(2)	(3)	(4)	(5)	(6)	(7)	①	③
							②	④

ぴたトレ 1 要点チェック

文法への扉3 単語の性質を見つけよう

（漢字に親しもう5）

解答 p.19

1 新しく習った漢字 読み仮名を書きなさい。

①菜箸（　）　②器（　）　③喫茶店（　）　④抹茶（　）
⑤窯（　）　⑥熟れる（　）　⑦豆腐（　）　⑧脂肪（　）
⑨燃焼（　）　⑩全霊（　）　⑪変幻（　）　⑫首尾（　）
⑬奇想（　）　⑭錯誤（　）　⑮大胆（　）　⑯一貫（　）

2 重要語句 正しい意味を下から選び、記号で答えなさい。

①試行錯誤（　）　ア その人のもつ体力と精神力の全て。
②奇想天外（　）　イ 失敗を重ねながら、目的に迫ること。
③大胆不敵（　）　ウ 驚くほど、風変わりな様子。
④変幻自在（　）　エ 度胸があって、物に動じないこと。
⑤全身全霊（　）　オ 思うままに、変化したり、現れたり消えたりすること。

スタートアップ

単語の分類

☑自立語…単独で文節を作ることができる語。
☑付属語…単独で文節を作れない語。
｝分類する。

☑活用の有無…文中で使われるとき、単語の形が変化することを活用という。活用の有無で分類する。

品詞 単語を、さらに「文の成分」「言い切りの形」で分類したもの。

単語					品詞	例	性質
自立語	活用しない				名詞	鳥	主語になる。
					副詞	もし	主に連用修飾語になる。
					連体詞	小さな	連体修飾語になる。
					接続詞	しかし	接続語になる。
					感動詞	あら	独立語になる。
	活用する				動詞	行く	ウ段で終わる。
					形容詞	美しい	「い」で終わる。
					形容動詞	きれいだ	「だ・です」で終わる。
付属語	活用する				助動詞	です	自立語の後に付いて、文節を作る。
	活用しない				助詞	が	

自立語の中で、主語になれるものを体言、述語になれるものを用言というよ。

文法への扉3　単語の性質を見つけよう

タイムトライアル　10分

解答 p.19

1　**単語の分類について、答えなさい。**

(1)　次の文の単語を自立語と付属語に分類して書きなさい。
①　祖母に手紙を書く。
②　学校の図書館で本を読んだ。

(2)　次の単語のうち、活用するものを五つ選び、記号で答えなさい。
ア　友達　**イ**　大きい　**ウ**　歩く　**エ**　高い
オ　豊かだ　**カ**　とても　**キ**　しかし　**ク**　話す

(2)　次の文から、助詞と助動詞を全て抜き出しなさい。
①　僕は明日、友達と図書館に行く予定だ。
②　春休みに家族で旅行に行きたい。

2　**品詞について、答えなさい。**

(1)　次の説明に当てはまる品詞を後から選び、記号で答えなさい。
〈活用のない自立語〉
①　生き物・物・事などを表し、主語になる。
②　主として用言を修飾する。
③　体言だけを修飾する。
④　主として文と文をつなぐ。
⑤　感動、呼びかけ、応答を表す。
〈活用のある自立語〉
⑥　動作・作用・存在を表す。
⑦　状態・性質を表し、「い」で終わる。
⑧　状態・性質を表し、「だ」で終わる。

ア　名詞	**イ**　動詞	**ウ**　形容詞	**エ**　形容動詞
オ　副詞	**カ**　感動詞	**キ**　接続詞	**ク**　連体詞

3　**体言と用言について、答えなさい。**

次の単語が、体言なら**ア**を、用言なら**イ**を書きなさい。
①　花　②　歩く　③　広い
④　彼女　⑤　簡単だ

1

(1) ① 自立語	(1) ① 付属語	(1) ② 自立語	(1) ② 付属語	(2)

2

(1) ①	(1) ②	(1) ③	(1) ④	(1) ⑤	(1) ⑥	(1) ⑦	(1) ⑧

	(2) ①	(2) ②
助詞		
助動詞		

3

①	②	③	④	⑤

ぴたトレ **3** 確認テスト

文法への扉3　単語の性質を見つけよう

時間20分　／100点　合格75点

解答 p.20

1 **単語の分類について、答えなさい。**

(1) 例にならって、次の文を単語に区切りなさい。　完答各2点

例 花｜が｜咲く。

① 遠くのほうで雷が鳴る。

② 庭に植えたバラがきれいに咲いた。

(2) ――線の単語はA自立語、B付属語のどちらですか。記号で答えなさい。　各2点

① ⓐ今日はⓑ新しいⓒ靴をⓓ履いてⓔ出かける。

② 飛行機ⓐは高度をⓑ上げて空ⓒのⓓかなたに消えⓔた。

(3) 例にならって、次の文の単語をA自立語とB付属語に分類しなさい。　完答各3点

例 鳥が鳴いている。

A…鳥・鳴い・いる　　B…が・て

① 木の枝に鳥がとまっている。

② 澄んだ青空に雲が浮かぶ。

③ 彼は昨日、映画に行ったらしい。

(4) 次の中から、活用する単語を五つ選び、記号で答えなさい。　完答3点

ア 花　**イ** もしも　**ウ** あの　**エ** 笑う　**オ** 高い

カ 深さ　**キ** らしい　**ク** 飛ぶ　**ケ** 変だ

(5) 次の文から、活用する単語を抜き出しなさい。　完答各2点

① 妹はいつも元気な声で話す。

② 角を曲がれば学校が見える。

③ 澄んだ水の中を魚が泳ぐ。

(6) ――線の単語は後の四つのどれですか。記号で答えなさい。　各2点

①春が②くると色とりどりの③花が④咲く。母が⑤好きな⑥のはスミレの花⑦だ。日差しも⑧暖かくなり、楽しい⑨ことも⑩たくさんある。

ア	自立語で活用しない単語
イ	自立語で活用する単語
ウ	付属語で活用しない単語
エ	付属語で活用する単語

2 **品詞について、答えなさい。**

(1) 品詞について説明した文の（　）に当てはまる言葉を書きなさい。　各2点

単語を、「自立語・（①）」「（②）する・しない」で分け、さらに「文の（③）」や「（④）の形」で分類したものを品詞という。

(2) ――線の単語の品詞名を後から一つずつ選び、記号で答えなさい。 各3点

① 雨が降っている。それに、風も出てきた。
② 昨日は家族で楽しいひと時を過ごせた。
③ 彼の冒険談をもっと聞きたい。
④ これが我が家の家宝だ。
⑤ テーブルの上にメモを残した。
⑥ この問題は簡単に解ける。
⑦ あれ、いつの間にか雪が積もっている。
⑧ 話し合って問題を解決する。
⑨ 兄には大きな夢がある。
⑩ 姉は友達と旅行に行くそうだ。

ア 名詞	**イ** 副詞	**ウ** 連体詞	**エ** 接続詞
オ 感動詞	**カ** 形容詞	**キ** 形容動詞	**ク** 動詞
ケ 助動詞	**コ** 助詞		

1

(1)		(2)		(3)			(4)	(5)			(6)	
①	②	①	②	①	②	③		①	②	③	①	⑥
遠くのほうで雷が鳴る。	庭に植えたバラがきれいに咲いた。	ⓐ	ⓐ	A	A	A					②	⑦
		ⓑ	ⓑ	B	B	B					③	⑧
		ⓒ	ⓒ								④	⑨
		ⓓ	ⓓ								⑤	⑩
		ⓔ	ⓔ									

2

(1)		(2)	
①	③	①	⑥
②	④	②	⑦
		③	⑧
		④	⑨
		⑤	⑩

ぴたトレ1 要点チェック

随筆二編

工藤直子

解答 p.21

1 新しく習った漢字 読み仮名を書きなさい。

①（　　）随筆　②（　　）憧れ　③（　　）数軒　④（　　）埋もれる
⑤（　　）濃い　⑥（　　）記憶　⑦（　　）つり革　⑧（　　）見逃す
⑨（　　）膜　⑩（　　）匂う　⑪（　　）天井

2 重要語句 正しい意味を下から選び、記号で答えなさい。

①（　）憧れ　　ア 極めて幸せなこと。
②（　）際限もなく　　イ 速度や調子などが速い様子。
③（　）至福　　ウ 終わりもなく。
④（　）気配　　エ すっきりと明るい様子。
⑤（　）せわしい　　オ 強く心がひかれること。
⑥（　）非日常的　　カ 普段と違う様子。
⑦（　）晴れやかだ　　キ 何となく感じられる様子。

3 随筆とは 当てはまる言葉を書きなさい。

・（　　）や見聞したことを基に、自分にとっての意味や（　　）を自由に書いたもの。

4 感動・思い 二編の随筆の感動の中心を書きなさい。

「空」
①「（　　）」…真っ白な雪に引き立てられた美しいもの。

「えんぽう」
②「（　　）」…筆者が深く憧れた、父に連れて行ってもらえないところ。

得点UPポイント

筆者の感動の中心を読み取る！

☑ 筆者はどんなことを書きたかったのか、体験したことや、大切な思い出の内容を押さえる。
☑ 繰り返されている言葉や強調されている言葉に着目して、筆者の感動の中心を読み取ろう。

左の文章では、ある冬の日の感動が書かれているよ。

タイムトライアル 8分

解答 p.21

1 読解問題 文章を読んで、問いに答えなさい。

教科書216ページ1行〜217ページ4行

空

北陸の山奥に住んだのは、小さい頃からの憧れであった①雪のそばにいたかったせいかもしれない。二十数軒という小さな集落の空き家を借りて住んでいた。

最初の冬である。軒までの雪に埋もれて過ごしていたのだが、ある日、外に出ると、一面に小雪が舞っている。一面の雪なのに、辺りが妙に明るい。②なんか変だなと、ふと空を見上げると――そこには、灰色の重たい雲はなく、抜けるように青い空があった。

ああ、これが「③風花（かざはな）」というものか！　私は、雪を浴びながら空を見上げていた。深く濃い冬の青空が、真っ白な雪を生み出しているとしか思えない。後から後から、雪は見えない高みで生まれ、際限もなくひらひら・ひらひらと舞い下りてくるのである。目が回るようだ。雪の白さに引き立てられて、空の青さは、いよいよ濃い。

私は、あんな美しい「青空」を見たことがなかった。

工藤 直子「空」〈「ライオンのしっぽ」〉より

(1) ――線①「雪のそばにいたかった」とは、どんなことを言っているのですか。次から一つ選び、記号で答えなさい。

ア　雪で遊びたかったということ。
イ　雪国で暮らしたかったということ。
ウ　雪をながめていたかったということ。

（　　）

ヒント　「雪のそばにいたかった」から「北陸の山奥」に住んだんだね。

(2) ――線②「なんか変だな」とありますが、何が「変」だったのですか。「〜こと。」に続くように文章中から抜き出しなさい。

（　　　　）こと。

ヒント　「雪」が降っているのに周囲はどんな様子だったかな？

(3) ――線③「風花」とはどんなものですか。文章から読み取れる意味を、文章中の言葉を用いて答えなさい。

（　　　　）

ヒント　辞書的な答えでなく、文章に沿った意味を答えよう。

(4) 筆者は何に感動したのですか。文章中の言葉を用い、まとめて答えなさい。

（　　　　）

ヒント　繰り返されている同じ意味の言葉に着目しよう。

ぴたトレ1 要点チェック

言葉3 さまざまな表現技法

解答 p.21

スタートアップ

言葉の並べ方の工夫

技法	方法と効果
体言止め	文末や句末を体言（名詞）で結ぶ。余韻を残したり、きっぱりした印象を与えたりする。
倒置	言葉の順序を入れ替える。歯切れよいリズムを生み、情景や心情を強調する。
反復	同じ言葉を繰り返す。リズムが生まれ、繰り返した情景や心情を強調する。
対句	言葉を形や意味が対応するように並べる。リズムやまとまりが生まれ、整然とした印象を与える。
省略	文章や言葉を途中で止め、後を省略する。読み手に自由に想像させ、作品の世界を豊かにする。

比喩（たとえ）

技法	方法と効果
直喩	「まるで」「ようだ」などの言葉を使ってたとえる。
隠喩	「まるで」「ようだ」などの言葉を使わずにたとえる。
擬人法	人間でないものを人間にたとえて表す。人間になぞらえることで、生き生きとした印象になる。

1 新しく習った漢字　読み仮名を書きなさい。

①余韻（　　）　②替える（　　）　③対句（　　）　④蜂（　　）

⑤擬人法（　　）　⑥亀（　　）

2 重要語句　正しい意味を下から選び、記号で答えなさい。

①（　　）余韻　　**ア** 次々と間をおかずに働きかける。

②（　　）たたみかける　　**イ** きちんと整っている様子。

③（　　）整然　　**ウ** 的を外れず、間違いのないこと。

④（　　）なぞらえる　　**エ** 似ている別のものにたとえる。

⑤（　　）的確　　**オ** 詩や文などを読んだ後に残る味わい。

詩や文章をより印象深く伝える表現技法を学んで、これからの学習や生活に生かしていこう。

言葉3 さまざまな表現技法

タイムトライアル 10分

解答 p.21

1 表現技法について、答えなさい。

(1) 体言止めが用いられている文を次から一つ選び、記号で答えなさい。

ア 心地よい風が吹く。
イ 雨、風ともに強い。
ウ しとしとと降る雨。

(2) 対句が用いられている文を次から一つ選び、記号で答えなさい。

ア 天気予報では、雨のち晴れだ。
イ 野菜ならばレタス、果物ならばりんごが好きだ。
ウ かさを持ってくるようにと、父に言われた。

(3) 直喩が用いられている文を次から一つ選び、記号で答えなさい。

ア 親鳥が虫をつかまえて戻ってくる。
イ 彼が泳ぐ姿は魚のようだ。
ウ 見上げると、飛行機が飛んでいく。

(4) 擬人法が用いられている文を次から一つ選び、記号で答えなさい。

ア どこかから水の音が聞こえる。
イ 鉄の棒がぐにゃりと曲がる。
ウ 春風がそっとささやく。

(5) 次の①～⑥に使われている表現技法を、（　）の数だけ後から選び、記号で答えなさい。

① 妹が、りんごのような頬をして駆けてきた。（1）
② 船は進んでいく、どこまでも続く青い海を。（1）
③ 頭上の暗幕を引きさき、稲妻(いなずま)が走る。（2）
④ 父はいつも言っていた、「人生は旅だ」と。（2）
⑤ 生まれたばかりのお日様のような、君の姿。（3）
⑥ もう一度　もう一度、
あなたと　会いたい
もう一度　もう一度、
あなたと　話したい
もう一度　もう一度、
あなたと（3）

ア 体言止め　**イ** 倒置　**ウ** 反復　**エ** 対句
オ 省略　**カ** 直喩　**キ** 隠喩　**ク** 擬人法

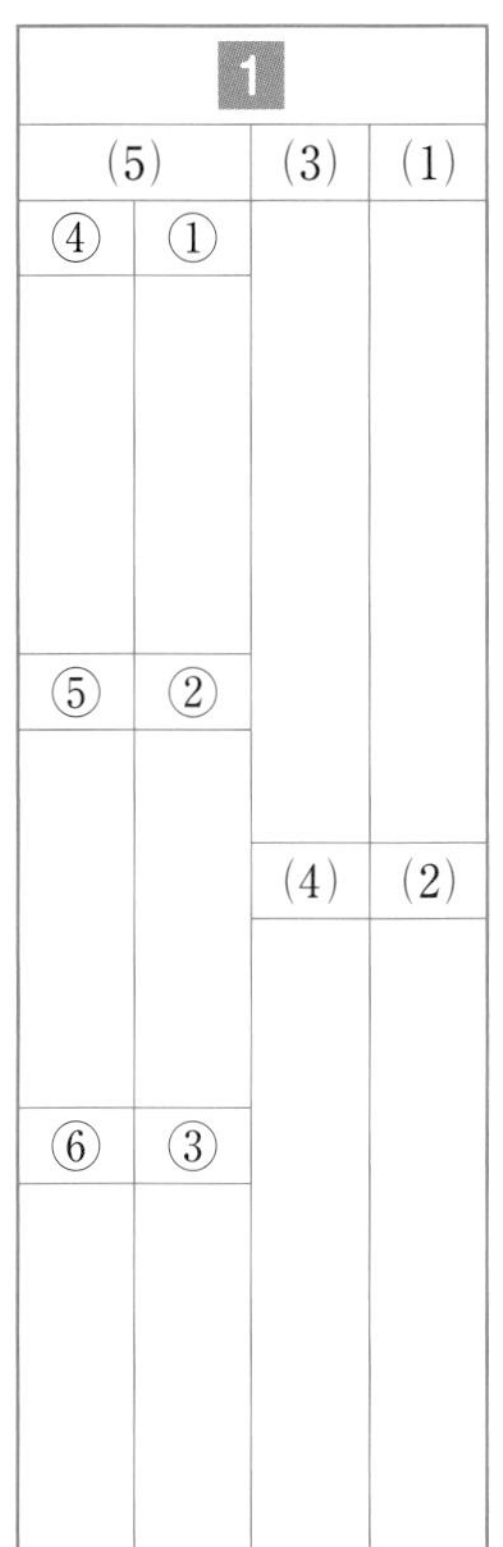

ぴたトレ1 要点チェック

漢字3 漢字の成り立ち
（漢字に親しもう6）

解答 p.22

1 新しく習った漢字 読み仮名を書きなさい。

①音符（　）
②峠（　）
③刃物（　）
④狩る（　）
⑤販売（　）
⑥教諭（　）
⑦苛烈（　）
⑧画伯（　）
⑨拍手（　）
⑩宿泊（　）
⑪収穫（　）
⑫商い（　）
⑬来す（　）
⑭提げる（　）
⑮法廷（　）
⑯貨幣（　）
⑰更迭（　）
⑱勲章（　）
⑲虚偽（　）
⑳琴線（　）
㉑太鼓判（　）
㉒惜しむ（　）
㉓据える（　）
㉔汗（　）

2 重要語句 正しい意味を下から選び、記号で答えなさい。

①（　）更迭
②（　）琴線

ア 心の奥深くの感動しやすい心のひだ。
イ その地位や役目にある人を代えること。

スタートアップ

漢字の成り立ち

漢字の成り立ちを覚えよう。

☑ 漢字の成り立ちには次の四種類がある。

●象形…物の形をかたどって、その物を表す。

例 山・馬・手
人・日・木

↓
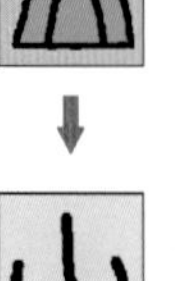
↓ 山

●指事…抽象的な事柄を、記号やその組み合わせで表す。

例 下・一・二
上・末・中

↓

↓ 下

●会意…二つ以上の字を組み合わせて、新しい意味を表す。

例 休・林・森
明・男・鳴

↓ 休

●形声…二字を組み合わせて、片方で音（音符）を、片方で意味（意符）を表す。

例 河・花・銅
清・遠・想

河 ↓音符…「カ」 ↓意符…「水」を表す

☑ 日本で独自に作られた漢字もあり、国字とよぶ。国字は会意の方法で作られたものが多い。

例 畑→火＋田　峠→山＋上＋下

☑ 他に漢字の「使い方」についての説明が二つあり、合わせて六書（りくしょ）という。

●転注…元の意味が広がり別の意味になる。
●仮借（かしゃ）…漢字の意味とは関係なく音をあてる。

タイムトライアル 10分

解答 p.22

1 漢字の成り立ちについて、答えなさい。

(1) 次の漢字の成り立ちの説明として当てはまるものを後から一つ選び、記号で答えなさい。

① 象形　② 指事　③ 会意　④ 形声

ア 二つ以上の字を組み合わせて新しい意味を表す。
イ 物の形をかたどって、その物を表す。
ウ 二字を組み合わせて片方で音、片方で意味を表す。
エ 抽象的な事柄を記号やその組み合わせで表す。

(2) 次の漢字の成り立ちを後から選び、記号で答えなさい。

① 木　② 客　③ 洗　④ 明　⑤ 森
⑥ 月　⑦ 狩　⑧ 末　⑨ 魚　⑩ 中

ア 象形　**イ** 指事　**ウ** 会意　**エ** 形声

(3) 次の漢字を組み合わせて、漢字を四つ作りなさい。漢字は一回ずつ使い、必要ならば位置に応じて形を変えなさい。

田　舌　心　木　日　辛　青　交

(4) 次の漢字をA音を表す部分（音符）、B意味を表す部分（意符）に分けて書きなさい。

① 忠　② 持
③ 伸　④ 議

(5) 漢字の成り立ちの中の、①「作り方」についての説明である四種、②「使い方」の説明である二種を、それぞれ答えなさい。また、③それらを合わせたよび名を答えなさい。

1											
(1)	(2)		(3)	(4)				(5)			
①	①	⑥		①	②	③	④	①	②	③	
②	②	⑦		A	A	A	A				
③	③	⑧		B	B	B	B				
④	④	⑨									
	⑤	⑩									

ぴたトレ 1 要点チェック

さくらの　はなびら

まど・みちお

解答 p.22

1 重要語句 正しい意味を下から選び、記号で答えなさい。

①（　）たどりつく　　ア 代わりになるものがない。
②（　）かけがえのない　　イ やっと目的地に行きつく。

2 詩の種類・連数 用語・形式上の種類と連数を答えなさい。

① 詩の種類…（　　　）
② 連数　…（　）連

3 詩の特徴・内容 当てはまる言葉を後から選んで書きなさい。

① 詩は全て、（　　）で書かれている。
② 「さくらの　はなびらが／じめんに　たどりついた」と、「さくらのはなびら」を（ⓐ　　）にたとえて表現する（ⓑ　　）や、同じ言葉を繰り返す（ⓒ　　）や、言葉の順序を入れ替える（ⓓ　　）など、複数の表現技法を用いている。

平仮名	片仮名	うちゅう	人間
擬人法	倒置	反復	対句

スタートアップ

☑ 用語・形式上の種類…口語自由詩。
☑ 表現技法（複数の表現技法が用いられている。）

● 第二連…「じめんに　たどりついた」
⬇「さくらの　はなびら」を人間にたとえて、生き生きとした印象を与えている。＝擬人法

● 第三連…「おわったのだ／そして　はじまったのだ」
第五連…「ちきゅうに　とって／うちゅうに　とって」
⬇意味が対応するように並べることで、リズムとまとまりを生んでいる。＝対句

● 第四連・第六連・第七連…「ひとつの　ことが」
⬇同じ言葉を繰り返すことで、リズムを生むとともに、強調している。＝反復

● 第六連…「あたりまえすぎる／ひとつの　ことが」
第七連…「かけがえのない／ひとつの　ことが」
⬇言葉の順序を入れ替えて、強調している。＝倒置

詩の主題

☑ 全てのものには終わりがあるが、それはまた新たな始まりであり、あたりまえで、かけがえのないことなのだ、という思い。

ぴたトレ 2

練習

さくらの　はなびら

1 読解問題　詩を読んで、問いに答えなさい。

教科書234ページ〜235ページ

さくらの　はなびら　　まど・みちお

えだを　はなれて
ひとひら

さくらの　はなびらが
じめんに　たどりついた

①いま　おわったのだ
そして　はじまったのだ

ひとつの　ことが
さくらに　とって

いや　ちきゅうに　とって
うちゅうに　とって

あたりまえすぎる
ひとつの　ことが

②かけがえのない
ひとつの　ことが

タイムトライアル 10分

解答 p.22

(1) この詩の特徴を次から一つ選び、記号で答えなさい。

ア 複数の表現技法を用い、作者の思いを間接的に書いている。
イ ていねいな言葉を用い、作者の思いを直接的に書いている。
ウ 平仮名を用いて、難しい内容をわかりやすく簡単に書いている。

(　)

ヒント 反復や倒置などが使われているよ。

(2) ——線①「いま　おわったのだ／そして　はじまったのだ」とは、「さくら」のどんな様子を表していますか。(　)に当てはまる言葉を書きなさい。

さくらの(　)が散り、新たに(　)が生え出た様子。

ヒント 桜の木を思い浮かべよう。花の季節の後はどうなるかな。

(3) ——線②「かけがえのない／ひとつの　ことが」とありますが、「ひとつの　こと」とは何ですか。次から一つ選び、記号で答えなさい。

ア 一日　　イ 命
ウ うちゅう

(　)

ヒント 他に代わるもののない、たったひとつの大事なものだよ。

ぴたトレ 3 確認テスト①

坊っちゃん

夏目漱石

時間20分 ／100点 合格75点

解答 p.22

1 思考・判断・表現 文章を読んで、問いに答えなさい。

教科書280ページ上1行〜281ページ上3行

　母が病気で死ぬ二、三日前、台所で宙返りをして、へっついの角であばら骨を打って大いに痛かった。母がたいそう怒って、おまえのようなものの顔は見たくないと言うから、親類へ泊まりに行っていた。すると、とうとう死んだという知らせが来た。そう早く死ぬとは思わなかった。そんな大病なら、もう少しおとなしくすればよかったと思って帰ってきた。そうしたら例の兄が、俺を親不孝だ、俺のために、おっかさんが早く死んだんだと言った。①悔しかったから、兄の横っつらを張って、たいへんしかられた。

　母が死んでからは、おやじと兄と三人で暮らしていた。おやじはなんにもせぬ男で、人の顔さえ見れば、きさまはだめだ、だめだと、口癖のように言っていた。何がだめなんだか、今にわからない。妙なおやじがあったもんだ。兄は実業家になるとか言って、しきりに英語を勉強していた。元来さっぱりしない性分で、ずるいから、仲がよくなかった。②十日に一遍ぐらいの割でけんかをしていた。あるとき将棋を指したら、ひきょうな待ちごまをして、人が困ると、うれしそうに冷やかした。あんまり腹が立ったから、手にあった飛車を眉間へたたきつけてやった。眉間が割れて少々血が出た。兄がおやじに言つけた。③おやじが俺を勘当すると言いだした。

　そのときは、もうしかたがないと観念して、先方の言うとおり勘当されるつもりでいたら、十年来召し使っている清という女が、泣

よく出る (1) ——線①「悔しかったから」とありますが、「俺」はどんなことを悔しく思ったのですか。次から一つ選び、記号で答えなさい。 15点

ア　母の言葉に従って親類へ泊まりに行き、母の死に目に会えなかったこと。

イ　後悔していたのに、母の死は「俺」のせいだと兄になじられたこと。

ウ　大病だということを、母が死ぬまで兄が隠していたこと。

(2) ——線②「十日に一遍ぐらいの割でけんかをしていた。」とありますが、それはなぜですか。 10点

(3) ——線③「おやじが……言いだした。」について、答えなさい。

① 「勘当する」と言われた「俺」は、どう思いましたか。 10点

② 「勘当」されなかったのは、なぜですか。二十字以内で答えなさい。 10点

よく出る (4) ——線④「俺を非常にかあいがってくれた。」とありますが、清は「俺」のことをどのように思っていましたか。文章中から十字で抜き出しなさい。 10点

(5) ——線⑤「清以外の者も、もう少しよくしてくれるだろう」とありますが、「清以外の者」は実際はどうなのですか。それが書かれた部分を探し、初めと終わりの四字を抜き出しなさい。（符号は含まない。） 10点

考える (6) ——線⑥「それだからいいご気性です」とありますが、清は「俺」のどんなところを「いい気性」だと言っているのですか。「清」「おせじ」「まっすぐ」という言葉を用いて答えなさい。 15点

きながらおやじに謝って、ようやくおやじの怒りが解けた。それにもかかわらず、あまりおやじを怖いとは思わなかった。かえって、この清に気の毒であった。この女は、元由緒のある者だったそうだが、瓦解のときに零落して、つい奉公までするようになったのだと聞いている。だから、ばあさんである。このばあさんが、どういう因縁か、④俺を非常にかあいがってくれた。不思議なものである。母も死ぬ三日前に愛想をつかした――おやじも年中持て余している――町内では乱暴者の悪太郎とつま弾きをする――この俺を、むやみに珍重してくれた。俺は、とうてい人に好かれるたちでない、と諦めていたから、他人から木のはしのように取り扱われるのはなんとも思わない、かえって、この清のようにちやほやしてくれるのを不審に考えた。清はときどき台所で、人のいないときに「あなたはまっすぐでよいご気性だ。」とほめることがときどきあった。しかし、俺には清の言う意味がわからなかった。いい気性なら、⑤清以外の者も、もう少しよくしてくれるだろうと思った。清がこんなことを言うたびに、俺はおせじは嫌いだと答えるのが常であった。すると、ばあさんは、⑥それだからいいご気性ですと言っては、うれしそうに俺の顔を眺めている。自分の力で俺を製造してほこってるように見える。少々気味が悪かった。

夏目漱石「坊っちゃん」
〈「漱石全集　第二巻」〉より

2　――線の片仮名を漢字で書きなさい。　各5点

① 駅までケンメイに走る。
② バッキンを支払う。
③ 母からコヅカいをもらう。
④ ぬれた服をカワかす。

1							2			
(1)	(2)	(3) ①	(3) ②	(4)	(5)	(6)	①	②	③	④
					〜					

ぴたトレ 3

確認テスト②

坊っちゃん

夏目漱石

時間20分　／100点　合格75点

解答 p.23

1 思考・判断・表現　文章を読んで、問いに答えなさい。

教科書285ページ上7行〜286ページ下3行

家をたたんでからも、清の所へはおりおり行った。清のおいというのは、存外①結構な人である。俺が行くたびに、おりさえすれば、なにくれともてなしてくれた。清は俺を前へ置いて、いろいろ俺の自慢をおいに聞かせた。今に学校を卒業すると、麹町辺へ屋敷を買って役所へ通うのだ、などとふいちょうしたこともある。独りで決めて一人でしゃべるから、こっちは②困って顔を赤くした。それも一度や二度ではない。おりおり、俺が小さいとき寝小便をしたことまで持ち出すには閉口した。おいはなんと思って清の自慢を聞いていたかわからぬ。ただ清は昔風の女だから、自分と俺の関係を封建時代の主従のように考えていた。自分の主人なら、おいのためにも主人に相違ないと合点したものらしい。③おいこそ、いいつらの皮だ。

いよいよ約束が決まって、もうたつという三日前に清を訪ねたら、北向きの三畳に風邪を引いて寝ていた。俺の来たのを見て起き直るが早いか、坊っちゃん、いつうちをお持ちなさいますときいた。卒業さえすれば、金が自然とポケットの中にわいてくると思っている。そんなにえらい人をつらまえて、まだ坊っちゃんとよぶのは、いよいよばかげている。俺は単簡に、当分うちは持たない。田舎へ行くんだと言ったら、④非常に失望した様子で、ごま塩のびんの乱れをしきりになでた。あまり気の毒だから、「行くことは行くが、じ

(1) ——線①「結構な人」とありますが、「俺」がそう思った理由を答えなさい。　10点

(2) よく出る　——線②「困って顔を赤くした。」とありますが、それはなぜですか。次から一つ選び、記号で答えなさい。　10点

ア　おいが清の自慢話を、きまじめに聞いていたから。

イ　「俺」が小さいときに寝小便をしたことまでを、清が得意げに話すから。

ウ　清が、勝手に独りで決めて、大げさに言いふらすから。

(3) ——線③「おいこそ、いいつらの皮だ。」とありますが、「俺」はなぜそう思ったのですか。次の文の□に当てはまる言葉を文章中から抜き出しなさい。　各5点

①□ばかりか、②□までも、「俺」と③□関係にあるように思われて迷惑だろうから。

(4) よく出る　——線④「非常に失望した様子」とありますが、清はどんなことを望んでいたのですか。　10点

(5) ——線⑤「もうお別れになるかもしれません。」とありますが、これはどういう意味で言った言葉ですか。二十字以内で答えなさい。　10点

(6) ——線⑥「もう大丈夫だろう」とは、具体的にはどんなことを言っているのですか。「大丈夫」に代わる言葉を、七字以内で答えなさい。　10点

(7) 考える　——線⑦「なんだかたいへん小さく見えた。」とありますが、そのときの「俺」の気持ちを、「清」「別れ」という言葉を用いて答えなさい。　15点

き帰る。来年の夏休みにはきっと帰る。」となぐさめてやった。それでも妙な顔をしているから、「何を土産に買ってきてやろう、何が欲しい。」ときいてみたら、「越後のささあめが食べたい。」と言った。越後のささあめなんて聞いたこともない。だいいち方角が違う。「俺の行く田舎には、ささあめはなさそうだ。」と言って聞かしたら、「そんなら、どっちの見当です。」ときき返した。「西の方だよ。」と言うと、「箱根の先ですか手前ですか。」と問う。ずいぶん持て余した。

　出立の日には朝から来て、いろいろ世話を焼いた。来る途中、小間物屋で買ってきた歯磨きとようじと手拭いをズックのカバンに入れてくれた。そんなものは要らないと言っても、なかなか承知しない。車を並べて停車場へ着いて、プラットフォームの上へ出たとき、車へ乗り込んだ俺の顔をじっと見て、「⑤もうお別れになるかもしれません。ずいぶんごきげんよう。」と小さな声で言った。目に涙がいっぱいたまっている。俺は泣かなかった。しかし、もう少しで泣くところであった。汽車がよっぽど動きだしてから、⑥もう大丈夫だろうと思って、窓から首を出して振り向いたら、やっぱり立っていた。⑦なんだかたいへん小さく見えた。

夏目 漱石「坊っちゃん」
〈「漱石全集　第二巻」〉より

2 ——線の片仮名を漢字で書きなさい。　各5点

① 兄のクチグセをまねする。
② 機器を上手にアツカう。
③ 遠くの景色をナガめる。
④ 部屋にコもる。

1 (1)	1 (2)	1 (3)	1 (4)	1 (5)	1 (6)	1 (7)	2 ①	2 ②	2 ③	2 ④
		① ② ③								

ぴたトレ 3

確認テスト①

幻の魚は生きていた

中坊徹次

時間20分 ／100点 合格75点

解答 p.24

1 思考・判断・表現　文章を読んで、問いに答えなさい。

教科書288ページ上11行〜289ページ下11行

①時を超えて再び私たちの前に姿を現したクニマス。クニマスはなぜ田沢湖で絶滅したのだろう。また、絶滅したと思われていたクニマスが、なぜ遠く離れた西湖で生きていたのだろうか。その経緯をたどってみよう。

かつて、田沢湖周辺に住む人々にとって、クニマスは出産祝いや、病気見舞い、誕生日祝いに贈られる特別な魚だった。クニマス漁の権利は代々受け継がれ、②江戸時代から残る文書には、誰が、いつ、どれだけクニマスをとったかが細かく記録されている。人々はこの魚をとりすぎないように節度を守っていたのであろう。クニマスは地元の民話にも登場する魚で、③田沢湖周辺の人々の生活や文化に根ざした大切な存在だったのだ。にもかかわらず、クニマスが絶滅したのには、次のような背景がある。

田沢湖の南に広がる一帯は、大きな川が少なく、農業用水を確保することが難しかった。近くを流れる玉川は、水量はあるが強い酸性の水で、農業にも、また多くの生物の生活にも適さなかった。

ところが、その田沢湖一帯をめぐる事態が変わり始める。一九三四年、東北地方を大凶作が襲うと、食料の増産が人々にとって切実な課題となった。そこで、玉川の水を田沢湖に引き入れて酸性を弱め、それを農業用水として使うこと、また、電力の供給を増やすため、湖の水を水力発電に利用することが計画された。酸性の

(1) ——線①「時を超えて再び私たちの前に姿を現したクニマス。」とありますが、これについて説明した次の文の□に当てはまる言葉を、文章中から抜き出しなさい。　各5点

①□と思われていたクニマスが、②□ということ。

よく出る

(2) ——線②「江戸時代から残る文書」とありますが、この文書の目的は何ですか。次から一つ選び、記号で答えなさい。　10点

ア　とったクニマスの数を確認し、とりすぎないようにするため。

イ　祝いごとで贈られるクニマスの数を確認するため。

ウ　詳細な記録をもとに、民話や伝説として伝えるため。

(3) ——線③「田沢湖周辺の……大切な存在だった」とありますが、田沢湖周辺の人々は、クニマスをどんな場面で贈っていましたか。文章中から三つ抜き出しなさい。　各5点

(4) ——線④「人々の生活のためにはやむをえず」とありますが、当時の人々にとっての課題は何でしたか。文章中から五字で抜き出しなさい。　10点

(5) ——線⑤「人の手による環境の改変」とありますが、それを具体的に説明している部分を文章中から二カ所探して、それぞれ初めと終わりの五字を抜き出しなさい。　各10点

考える

(6) ——線⑥「クニマス探しの運動が起こった。」とありますが、この運動はどのようにして起こったのですか。「思い」「出発点」という言葉を用いて答えなさい。　15点

水はクニマスをはじめとする田沢湖の生物に打撃を与えてしまう。しかし、④人々の生活のためにはやむをえず、一九四〇年、玉川の水は田沢湖に引き入れられたのである。

こうしてクニマスは、⑤人の手による環境の改変によって、他の多くの生物と共に田沢湖から姿を消した。そして、地元の人々の生活に根ざしていたクニマスをめぐる文化も同時に消えていった。

そのクニマスが、遠く離れた西湖で見つかったのには、一つのきっかけがあった。

かつて最後までクニマス漁にたずさわっていた三浦久兵衛さんは、一九七〇年頃、自宅に保管されていた文書から、ある記録を見つけた。クニマスの卵が、絶滅前の一九三五年に山梨県の西湖と本栖湖、一九三九年に滋賀県の琵琶湖に譲渡されたというものである。生活の一部であったクニマスに深い愛着を抱いていた三浦さんは、移植先のどこかでクニマスが生きていないか、祈るような気持ちで探し始めた。この熱い思いが出発点となり、一九九〇年代、田沢湖周辺に住む人々が中心になって、⑥クニマス探しの運動が起こった。このときは結局見つからなかったが、クニマスは田沢湖固有の黒い体色をした「幻の魚」として、広く知られるようになった。

中坊徹次「幻の魚は生きていた」より

2 ――線の片仮名を漢字で書きなさい。 各5点

① 友達にグウゼン出会う。

② 記憶をソウシツする。

③ エイキョウを与える。

④ イッシュンの出来事。

1 (1) ①	1 (1) ②	1 (2)	1 (3)	1 (4)	1 (5)	1 (6)	2 ①	2 ②	2 ③	2 ④
					〜					

ぴたトレ 3

確認テスト②

幻の魚は生きていた

中坊徹次

時間20分

／100点

合格75点

解答 p.25

1 思考・判断・表現

文章を読んで、問いに答えなさい。

教科書289ページ上20行〜290ページ下7行

かつて最後までクニマス漁にたずさわっていた三浦久兵衛さんは、一九七〇年頃、自宅に保管されていた文書から、①ある記録を見つけた。クニマスの卵が、絶滅前の一九三五年に山梨県の西湖と本栖湖、一九三九年に滋賀県の琵琶湖に譲渡されたというものである。生活の一部であったクニマスに深い愛着を抱いていた三浦さんは、移植先のどこかでクニマスが生きていないか、祈るような気持ちで探し始めた。この熱い思いが出発点となり、一九九〇年代、田沢湖周辺に住む人々が中心になって、クニマス探しの運動が起こった。このときは結局見つからなかったが、クニマスは田沢湖固有の黒い体色をした「幻の魚」として、広く知られるようになった。

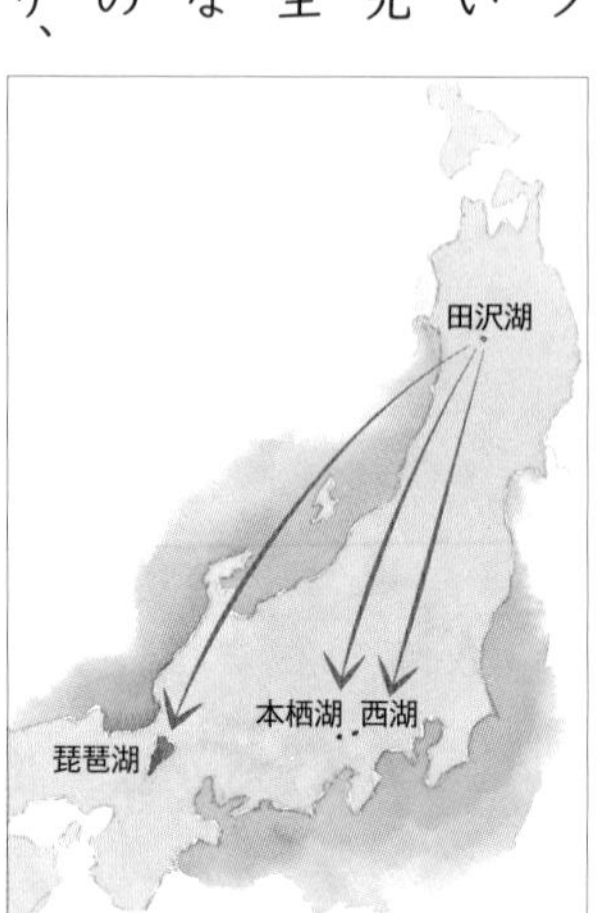

そして、二〇一〇年三月、新たな展開があった。私の研究室に山梨県の西湖でとれたという黒いマスが届けられたのである。②黒いのでクニマスではないか、というのだ。しかし、西湖にはクニマスによく似たヒメマスという魚がいる。地元の人の話では、ヒメマスの中にも黒いものがいるという。この黒いマスは、クニマスかヒメマ

(1) ——線①「ある記録を見つけた。」とありますが、どんな記録ですか。文章中から探し、初めと終わりの五字を抜き出しなさい。 10点

(2) ——線②「黒いのでクニマスではないか」とありますが、筆者は、あえてこの推測を否定する事実を挙げています。その事実を文章中の言葉を用いて答えなさい。 10点

(3) ——線③「とれたときの状況」とありますが、これを表した解答欄の表に適切な漢数字を入れなさい。 完答10点

(4) ——線④「これだけでは証拠が不十分」とありますが、「これ」とはどんな証拠ですか。その内容がわかる部分を文章中から三十字以内で探し、初めと終わりの四字を抜き出しなさい。 10点

(5) ——線⑤「クニマスだけがもっている特徴」とありますが、それはクニマスのどの部分にありますか。文章中から七字で抜き出しなさい。 10点

(6) ——線⑥「『幻の魚』は生きていたのだ。」とありますが、この結論に至るまでの過程を表す次の説明を正しい順序に並べ、記号で答えなさい。 完答10点

黒いマスが届けられる。→（　）→（　）→（　）→（　）→黒いマスはクニマスである。

ア　黒いマスを観察する。　イ　論文や学術書を調べる。
ウ　遺伝子の解析を行う。　エ　とれたときの状況を調べる。

(7) この文章では、筆者はどんな姿勢でクニマスについて調べていますか。「疑う」「検証する」という言葉を用いて答えなさい。 20点

スか。まず、③とれたときの状況(じょうきょう)を調べることにした。

届けられた西湖の黒いマスは、産卵(さんらん)期の状態を示していた。とれたのは三月。ヒメマスの産卵は秋であり、三月には産卵しない。おかしい。さらに、黒いマスがとれた所を漁師さんに聞くと、水深三十メートルから四十メートルの湖底だという。ヒメマスは水深二メートルから十五メートルの所で産卵するので、この点も疑問である。

では、クニマスはどうだろう。田沢湖でクニマスの産卵が最も盛(さか)んな季節は冬から早春、場所は水深四十メートルから五十メートルだったという記録が残っている。つまり、西湖の黒いマスの産卵時期と場所は、クニマスとほぼ一致(いっち)するのである。この黒いマスは、もしかしたらクニマスかもしれない。

しかし、ほとんどの研究者がクニマスは絶滅したと考える中、④これだけでは証拠(しょうこ)が不十分である。西湖の黒いマスがクニマスだと科学的に証明するためには、サケの仲間で⑤クニマスだけがもっている特徴(とくちょう)を探さなければならない。多くの論文や学術書を調べた結果、えらと消化器官に、クニマスだけに見られる特徴があることがわかった。手元の黒いマスを丁寧(ていねい)に観察したところ、全てクニマスの特徴と一致したのである。さらに遺伝子の解析(かいせき)を行い、黒いマスはヒメマスとは別の魚であることがわかった。この黒いマスはクニマスであった。⑥「幻の魚」は生きていたのだ。

中坊徹次「幻の魚は生きていた」より

2 ——線の片仮名を漢字で書きなさい。 各5点

① 事件のケイイを説明する。
② 病気の友人をミマう。
③ 経済にダゲキを与える。
④ 自然カンキョウを守る。

1 (1)	1 (2)	1 (3)	1 (4)	1 (5)	1 (6)	1 (7)	2 ①	2 ②	2 ③	2 ④
〜		(see below)	〜		→ → →					

種類	産卵時期	産卵場所（水深）
クニマス（田沢湖）	冬〜早春	四十〜五十メートル
黒いマス	①（　　）月	三十〜四十メートル
ヒメマス	秋	②（　〜　）メートル

ぴたトレ 3 確認テスト

百人一首を味わう

1 思考・判断・表現 和歌を読んで、問いに答えなさい。 教科書294ページ〜295ページ

花の色は移りにけりないたづらに　我が身世にふるながめせしまに　小野小町 …A

ほととぎす鳴きつる方をながむれば　ただ有明の月ぞ残れる　藤原実定 …B

朝ぼらけ有明の月と見るまでに　吉野の里に降れる白雪　坂上是則 …C

忍ぶれど色に出でにけり我が恋は　物や思ふと人の問ふまで　平兼盛 …D

「百人一首を味わう」より

よく出る (1) 「百人一首」とは、百人の和歌を一首ずつ選んでまとめたもので、「小倉百人一首」が有名ですが、この和歌集の撰者は誰ですか。 5点

(2) 歌集は、それぞれの和歌をテーマ別に分類してありますが、この分類を何と言いますか。漢字二字で答えなさい。 5点

(3) ――線ⓐ・ⓑを、現代の仮名遣いに直しなさい。 各5点

(4) Aの和歌は「春」の歌ですが、――線①「花」とは何の花ですか。次から一つ選び、記号で答えなさい。 5点

ア 梅　イ 桃　ウ 桜

(5) ――線②「鳴きつる方」とは「鳴いている方向」という意味ですが、その方向にあったものは何ですか。和歌の中から四字で抜き出しなさい。 5点

(6) Cの和歌の「見るまでに」とは「思われるほどに」という意味ですが、――線③の「白雪」を作者は何だと思ったのですか。和歌の中から四字で抜き出しなさい。 5点

よく出る (7) ――線④「忍ぶれど」とは「隠していたけれど」という意味ですが、作者は何を隠していたのですか。四字の現代語で答えなさい。 15点

1						
(1)	(2)	(3)	(4)	(5)	(6)	(7)
		ⓐ ⓑ				

今取り組めば
テスト に役立つ!

\\ 定期テスト //

予想問題

チェック!

● テスト本番を意識して，時間を計ってチャレンジしよう!

● 間違えたところは「ぴたトレ1～3」を確認しよう!

定期テスト
予想問題
1

野原はうたう

詩を読んで、問いに答えなさい。

おれはかまきり　かまきり りゅうじ

おう　なつだぜ
おれは　げんきだぜ
あまり　ちかよるな
おれの　こころも　かまも
どきどきするほど
ひかってるぜ

おう　あついぜ
おれは　がんばるぜ
もえる　ひをあびて
かまを　ふりかざす　すがた
わくわくするほど
きまってるぜ

工藤 直子「野原はうたう」〈「のはらうた」〉より

(1) 「おう」という呼びかけや、「……ぜ」という言葉から、かまきりのどんな様子が感じられますか。次から一つ選び、記号で答えなさい。 20点

ア　夏の暑さに勝とうとして、力をふりしぼっている様子。
イ　夏の暑さに負けていない、力強さをほこっている様子。
ウ　夏の暑さにつかれはてて、元気を失っている様子。

(2) 「どきどきするほど／ひかってるぜ」「わくわくするほど／きまってるぜ」から、かまきりのどんな気持ちが読み取れますか。二十字以内で答えなさい。 35点

(3) この詩の特徴(とくちょう)として、どんなことが挙げられますか。次から一つ選び、記号で答えなさい。 20点

ア　難しい言葉を、あえて平仮名で書き表している。
イ　第一連と第二連の各行が、ほぼ同じ音数になっている。
ウ　かまきりの視点から、野原の様子をえがいている。

(4) この詩はどのように音読すればよいですか。簡潔に答えなさい。 25点

(1)	(2)	(3)	(4)

時間15分
／100点
合格75点

解答 p.26

定期テスト予想問題 2

シンシュン

文章を読んで、問いに答えなさい。

時間15分

／100点

合格75点

解答 p.26

休み時間、僕はいつものようにシンタの席へ行った。待ち切れなかった。わくわくしながら小説の話を切りだすと、シンタは顔をしかめた。

「あれ、嫌いだ。」

①頭をがつんと殴られたような気がした。

「暗くてさ。何が書きたいんだろう。」

②僕は思わず、シンタといっしょにうなずいた。

「そうだよな。僕も嫌い。」

その日は、ずっと苦しかった。

僕が好きなものを、シンタが嫌いと言ったことが悲しかった。「僕は好きだ。」と言えなかったことが悔しかった。でも、シンタと違う自分は嫌だった。僕たちは好きなものや嫌いなものが同じだから③「シンシュン」コンビなんだ。違うところがあれば、僕らはきっといっしょにいられなくなる。それは嫌だった。絶対に嫌だった。

それから僕は、シンタと④話すときに迷うようになった。

休み時間も放課後も、相変わらずシンタといっしょにいたけど、前みたいに話せなくなった。

僕はあたりまえのことばかりを話した。「雨が降っているね。」とか、「あしたは一時間目から体育だね。」とか。

シンタもなんだかおかしかった。僕と同じように口数が少なくなって、僕みたいにあたりまえのことしか話さなかった。とうとう僕らは黙ってしまった。黙ってしまうと後はただ気まずくて、だから僕たちはだんだん離れていった。

西 加奈子「シンシュン」より

(1) ――線①「頭をがつんと……気がした。」とありますが、それはなぜですか。次から一つ選び、記号で答えなさい。 25点

ア シンタが突然顔をしかめたから。

イ シンタも好きだと思っていたのに、嫌いだと言ったから。

ウ シンタが「僕」に反抗するように答えたから。

(2) ――線②「僕は思わず、……うなずいた。」とありますが、それはなぜですか。文章中の言葉を用いて答えなさい。 25点

(3) ――線③「『シンシュン』コンビ」とよばれるのは、なぜですか。文章中の言葉を用いて答えなさい。 25点

(4) ――線④「話すときに迷うようになった。」とありますが、その後、二人の関係はどうなりましたか。文章中から十一字でぬき出しなさい。(句読点をふくむ。) 25点

(1)	(2)	(3)	(4)

定期テスト
予想問題
3

ダイコンは大きな根？

文章を読んで、問いに答えなさい。

時間15分
／100点
合格75点
解答 p.27

この二つの器官は、じつは味も違っています。なぜ、違っているのでしょう。

胚軸の部分は水分が多く、甘みがあるのが特徴です。胚軸は、地下の根で吸収した水分を地上の葉などに送り、葉で作られた糖分などの栄養分を根に送る役割をしているからです。

いっぽう、根の部分は辛いのが特徴です。ダイコンは下にいくほど辛みが増していきます。ダイコンのいちばん上の部分と、いちばん下の部分を比較すると、下のほうが十倍も辛み成分が多いのです。ここには、植物の知恵ともいえる理由がかくされています。

根には、葉で作られた栄養分が豊富に運ばれてきます。これは、いずれ花をさかせる時期に使う大切な栄養分なので、土の中の虫に食べられては困ります。そこで、虫の害から身を守るため、辛み成分をたくわえているのです。ダイコンの辛み成分は、普段は細胞の中にありますが、虫にかじられて細胞が破壊されると、化学反応を起こして、辛みを発揮するような仕組みになっています。そのため、たくさんの細胞が壊れるほど辛みが増すことになります。

稲垣 栄洋「ダイコンは大きな根？」〈「キャベツにだって花が咲く」を、教科書のために書き改めたもの〉より

(1) この文章で、筆者はどんな問いを投げかけていますか。文章中の言葉を用いて簡潔に答えなさい。 20点

(2) ――線①「この二つの器官は、じつは味も違っています。」とありますが、「二つの器官」で味が違う理由を、それぞれ文章中の言葉を用いて答えなさい。 各20点

(3) ――線②「たくさんの細胞が壊れるほど辛みが増す」とありますが、それはなぜですか。理由を述べた次の文の（　）に当てはまる言葉を答えなさい。 各10点

細胞の中にある（①）は、細胞が（②）されると（③）を起こして、（④）を発揮する仕組みになっているから。

(1)	(2)		(3)	
	胚軸	根	①	③
			②	④

定期テスト予想問題 4

ちょっと立ち止まって

文章を読んで、問いに答えなさい。

時間15分 ／100点 合格75点 解答 p.27

①上の図を見てみよう。化粧台の前に座っている女性の絵が見えるであろう。ところがこの図も、もう一つの絵をかくしもっている。目を遠ざけてみよう。すると、たちまちのうちに、この図はどくろをえがいた絵に変わってしまう。同じ図でも、近くから見るか遠くから見るかによって、全く違う絵として受け取られるのである。

このことは、なにも絵に限ったことではない。遠くから見れば秀麗な富士山も、近づくにつれて、岩石の露出した荒々しい姿に変わる。また、遠くから見ればきれいなビルも、近づいて見ると、ひび割れてすすけた壁面（へきめん）のビルだったりする。

私たちは、ひと目見たときの印象に縛られ、一面のみを捉えて、その物の全てを知ったように思いがちである。しかし、一つの図でも風景でも、見方によって見えてくるものが違う。そこで、②物を見るときには、ちょっと立ち止まって、他の見方を試してみてはどうだろうか。中心に見るものを変えたり、見るときの距離を変えたりすれば、その物の他の面に気づき、新しい発見の驚きや喜びを味わうことができるだろう。

桑原 茂夫「ちょっと立ち止まって」〈「だまし絵百科」を、教科書のために書き改めたもの〉より

(1) ――線①「上の図」について、答えなさい。

① 「上の図」には、どんな絵がありますか。五字以内で二つ答えなさい。 各10点

② 「上の図」を用いた例で、筆者が述べたかったのはどんなことですか。 25点

(2) ――線②「物を見るときには、……どうだろうか。」について、答えなさい。

① この提案は、人のどんな欠点を考えてのことですか。それが書かれた一文の、初めの四字を書きなさい。 15点

② この提案に従うと、どんなことができるのですか。 25点

(3) 第三段落は、この文章において、どんな役割を果たしていますか。次から一つ選び、記号で答えなさい。 15点

ア 新しい話題を提起している。

イ 前の事例と相反する事例を述べ、論に深みを出している。

ウ 事例のまとめ（結論）とし、筆者の考えを述べている。

(1)		(2)		(3)
①	②	①	②	

定期テスト予想問題 5

未確認飛行物体

詩を読んで、問いに答えなさい。

時間15分
／100点
合格75点

解答 p.27

未確認飛行物体　　入沢康夫

薬缶だって、
空を飛ばないとはかぎらない。

水のいっぱい入った薬缶が
夜ごと、こっそり台所をぬけ出し、
町の上を、
心もち身をかしげて、
畑の上を、また、つぎの町の上を
一生けんめいに飛んで行く。

天の河の下、渡りの雁の列の下、
人工衛星の弧の下を、
①息せき切って、飛んで、飛んで、
(でももちろん、そんなに速かないんだ)
そのあげく、
砂漠のまん中に一輪咲いた淋しい花、
②大好きなその白い花に、
③水をみんなやって戻って来る。

(1) 「薬缶」は、どこから、どこに行って戻って来ましたか。 10点

(2) ——線①「息せき切って、飛んで、飛んで」とありますが、なぜこれほど急いでいるのですか。理由を二つ、考えて答えなさい。 各20点

(3) ——線②「大好きなその白い花」とありますが、「大好き」なことがわかる言葉を、詩の中から三字一つと六字二つで抜き出しなさい。 各10点

(4) ——線③「水」とは、ここでは何のたとえだと考えられますか。次から一つ選び、記号で答えなさい。 20点

ア 悲しみ　**イ** 幼さ　**ウ** 愛情

(1)	(2)	(3)	(4)

定期テスト予想問題 6

比喩で広がる言葉の世界

文章を読んで、問いに答えなさい。

時間15分

／100点

合格75点

解答 p.28

　また、①比喩には、物事の特性をより生き生きと印象づける効果もある。例えば、「雷のような大声」という場合、声の大きさを響き渡る雷鳴にたとえているだけでなく、雷のもつ激烈さや迫力、おそろしさなどのイメージも重ねている。

　実は、こうした比喩の発想は、普段私たちが比喩だと認識していないような表現の中にも生きている。例えば、「頭の中に入れておく」「そのことで頭の中がいっぱいだ」「緊張して、頭の中が空っぽになる」などという表現では、「頭」が「入れ物」、知識や感情が「その中に入っているもの」として捉えられている。「②胸がいっぱいだ」「心が満たされる」なども同様だろう。

　さらに、「深く感謝する」「③深い感動」のような表現にも、比喩の発想が生かされている。本来、「深い」は、「④深い池」のように、表面からの距離が離れている様子を表す。しかし、表面からはうかがい知れないほどの中身があるといった意味で、精神活動についても「深さ」が用いられる。思考や感情など、⑤形のないものでも、こうした比喩の発想によって表現していくことができる。

森山 卓郎「比喩で広がる言葉の世界」より

(1) ——線①「比喩には……効果もある。」とありますが、「雷のような大声」の場合、雷のどんな特性を印象づけますか。それが書かれた部分を文章中から探し、十九字で抜き出しなさい。 20点

(2) ——線②「胸がいっぱいだ」とありますが、これは「胸」を何に見立てた表現ですか。文章中から三字で抜き出しなさい。 20点

(3) ——線③「深い」、④「深い」の意味を、それぞれ文章中から抜き出しなさい。 各20点

(4) ——線⑤「形のないもの」をわかりやすく表現するためには、何が必要ですか。文章中から五字で抜き出しなさい。 20点

(1)	(2)	(3)	(4)

定期テスト予想問題 7

大人になれなかった弟たちに……

文章を読んで、問いに答えなさい。

そのころは食べ物が十分になかったので、母は僕たちに食べさせて、自分はあまり食べませんでした。でも弟のヒロユキには、母のお乳が食べ物です。母は自分が食べないので、①お乳が出なくなりました。ヒロユキは食べるものがありません。おもゆといっておかゆのもっと薄いのを食べさせたり、やぎのミルクを遠くまで買いに行って飲ませたりしました。

でも、ときどき配給がありました。ミルクが一缶、それがヒロユキの大切な大切な食べ物でした……。

みんなにはとうていわからないでしょうが、そのころ、甘いものはぜんぜんなかったのです。あめもチョコレートもアイスクリームも、お菓子はなんにもないころなのです。食いしん坊だった僕には、甘い甘い弟のミルクは、よだれが出るほど飲みたいものでした。

母は、よく言いました。ミルクはヒロユキのご飯だから、ヒロユキはそれしか食べられないのだからと——。

でも、僕はかくれて、ヒロユキの大切なミルクを盗み飲みしてしまいました。それも、何回も……。

②僕にはそれがどんなに悪いことか、よくわかっていたのです。でも、僕は飲んでしまったのです。僕は弟がかわいくてかわいくてしかたがなかったのですが、③……それなのに飲んでしまいました。

米倉 斉加年「大人になれなかった弟たちに……」〈「おとなになれなかった弟たちに……」〉より

(1) ——線①「お乳が出なくなりました。」とありますが、なぜそうなったのですか。 25点

(2) ——線②「僕にはそれが……わかっていたのです。」について、答えなさい。

① 「それ」とはどんなことですか。文書中の言葉を用いて答えなさい。 25点

② どうして「悪いこと」なのですか。その理由が書かれた一文を探し、初めの五字を抜き出しなさい。 20点

(3) ——線③「……それなのに飲んでしまいました。」とありますが、ここには「僕」のどんな気持ちが込められていますか。考えて答えなさい。 30点

(1)	(2) ①	(2) ②	(3)

時間15分

／100点

合格75点

解答 p.28

定期テスト
予想問題
8

星の花が降るころに

文章を読んで、問いに答えなさい。

時間15分
／100点
合格75点

解答 p.29

夏実(なつみ)の姿が目に入った。教室を出てこちらに向かってくる。

そのとたん、①私は自分の心臓がどこにあるのかがはっきりわかった。どきどき鳴る胸をなだめるように一つ息を吸ってはくと、ぎこちなく足をふみ出した。

「あの、夏実――」

私が声をかけたのと、隣のクラスの子が夏実に話しかけたのが同時だった。夏実は一瞬とまどったような顔でこちらを見た後、隣の子に何か答えながら私からすっと顔を背けた。そして目の前を通り過ぎて行ってしまった。②音のないこま送りの映像を見ているように、変に長く感じられた。

騒々しさがやっと耳に戻ったとき、教室の中の戸部(とべ)君がこちらを見ていることに気づいた。私はきっとひどい顔をしている。唇がふるえているし、目のふちが熱い。③きまりが悪くてはじかれたようにその場を離れると、窓に駆け寄って下をのぞいた。裏門にも、コンクリートの通路にも人の姿はない。どこも強い日差しのせいで、色が飛んでしまったみたい。貧血を起こしたときに見える白々とした光景によく似ている。

私は外にいる友達を探しているふうに熱心に下を眺めた。本当は友達なんていないのに。夏実の他には友達とよびたい人なんてだれもいないのに。

安東 みきえ「星の花の降るころに」より

(1) ――線①「私は自分の心臓が……はっきりわかった。」とありますが、この表現は「私」のどんな様子をたとえていますか。文章中の言葉を用いて答えなさい。 25点

(2) ――線②「音のないこま送りの映像を見ているように」とありますが、この表現は「私」のどんな気持ちをたとえていますか。次から一つ選び、記号で答えなさい。 25点

ア あまりに予想外で、現実とは思えないという気持ち。

イ 予想どおりなので、冷静に受け止めようとする気持ち。

ウ 予想とは違うけれど、仕方がないなという気持ち。

(3) ――線③「きまりが悪くて」とありますが、「私」はどんなことを「きまりが悪く」感じたのですか。「無視」「ひどい顔」という言葉を用いて答えなさい。 25点

(4) 「私」の夏実への思いの強さがわかる一文を文章中から探し、初めの六字を抜き出しなさい。 25点

(1)	(2)	(3)	(4)

定期テスト
予想問題
9

「言葉」をもつ鳥、シジュウカラ

文章を読んで、問いに答えなさい。

時間15分
／100点
合格75点
解答 p.29

研究者の間では、長年にわたって、「言葉」をもつのは人間だけだと信じられてきました。動物の鳴き声は、「怒り」や「喜び」といった単なる感情の表れであり、物の存在や出来事を伝える「単語」ではないと考えられてきたのです。そのため、①動物の鳴き声に関する詳細な研究は、これまで十分に進められてきませんでした。しかし、今回の研究で、身近な小鳥のシジュウカラにもヘビを示す「単語」があり、つがいが協力してヘビを追い払ううえで役立っていることがわかりました。木をはい上り巣箱に侵入するヘビは、小鳥にとって特別な脅威です。シジュウカラは、卵やひなを守るために、ヘビの存在を示す②特別な鳴き声を進化の過程で獲得したと考えられます。

シジュウカラの世界に魅了された私は、今でも毎年長野県の森に通って研究を続けています。③十五年以上にわたる野外研究の中で、彼らが異なる「単語」を使い分けるだけでなく、それらを組み合わせてより複雑なメッセージを伝えていることなどもわかってきました。人間以外に、複数の「単語」を組み合わせる能力が実証されたのは、シジュウカラが初めてです。今後、動物の鳴き声に関する研究が盛んになることで、シジュウカラ以外にも、「言葉」をもつ動物の存在が明らかになるかもしれません。人間が最も高度な生物であると決めつけることなく、じっくり動物たちを観察してみると、まだまだ④驚きの発見があるのだと思います。

鈴木俊貴「『言葉』をもつ鳥、シジュウカラ」より

(1) ——線①「動物の鳴き声に……進められてきませんでした。」とありますが、その理由をまとめて答えなさい。 20点

(2) ——線②「特別な鳴き声」とは、具体的には何ですか。文章中から十字以内で抜き出しなさい。(符号を含む。) 20点

(3) ——線③「十五年以上にわたる野外研究」とありますが、その中でわかったことは、シジュウカラが「単語」を使い分けることと、もう一つは何ですか。文章中から十六字で抜き出しなさい。 30点

(4) ——線④「驚きの発見」とありますが、このような発見をするためには、どんな考え方をする必要がありますか。文章中の言葉を用いて答えなさい。 30点

(1)	(2)	(3)	(4)

定期テスト予想問題 10

蓬莱の玉の枝――「竹取物語」から

文章を読んで、問いに答えなさい。

時間15分 ／100点 合格75点

解答 p.29

帝は、かぐや姫から不死の薬を贈られていたが、かぐや姫のいないこの世にいつまでもとどまる気がしない。そこで、「どの山が天に近いか。」とお尋ねになると、ある人が、駿河の国にある山が、都からも近く天にも近いとお返事申しあげたので、その山に使者をお遣わしになった。

御文、不死の薬の壺並べて、火をつけて燃やすべきよし仰せたまふ。ⓐ そのよし①うけたまはりてⓑ、士どもあまた具して山へ登りけるより なむⓒ、その山を「ふじの山」②とは名づけける。

その煙、いまだ雲の中へ立ち上るとぞ、言ひ伝へたるⓓ。

現代語訳

(帝は)お手紙と、不死の薬の壺を並べて、火をつけて燃やすようにと、ご命令になった。

その旨を承って、(使者が)兵士たちをたくさん引き連れて山に登ったということから、その山を(「士に富む山」、つまり)「ふじの山」と名づけたのである。

その煙は、いまだに雲の中へ立ち上っていると、言い伝えられている。

「蓬莱の玉の枝――『竹取物語』から」より

(1) ――線ⓐ「仰せたまふ」、ⓑ「うけたまはりて」、ⓒ「なむ」、ⓓ「言ひ伝へたる」を現代の仮名遣いに直し、全て平仮名で書きなさい。 各5点

(2) ――線①「そのよし」について、答えなさい。
① 「そのよし」の内容が書かれた部分を古文の中から探し、初めと終わりの四字を抜き出しなさい。 25点
② 帝がこのような命令をしたのはなぜですか。現代文(地の文)の中の言葉を用いて答えなさい。 25点

(3) ――線②「『ふじの山』とは名づけける。」とありますが、なぜそのように名づけたのですか。現代語訳の中の言葉を用いて答えなさい。 30点

(1)		(2)		(3)
ⓐ	ⓒ	①	②	
		〜		
ⓑ	ⓓ			

定期テスト
予想問題
11

今に生きる言葉

文章を読んで、問いに答えなさい。

時間15分
／100点
合格75点

解答 p.30

矛盾

楚人に、盾と矛とを①鬻ぐ者有り。之を誉めて曰はく、「吾が盾の堅きこと、②能く陥すもの莫きなり。」と。又、其の矛を誉めて曰はく、「吾が矛の利なること、物に於いて陥さざる無きなり。」と。或るひと曰はく、「③子の矛を以て、子の盾を陥さば何如。」と。④其の人、応ふること能はざるなり。

現代語訳

楚の国の人で、盾と矛を売る者がいた。(その人が)盾をほめて、「私の盾の堅いことといったら、(これを)つき通せるものはない。」と言った。また、矛をほめて、「私の矛のするどいことといったら、どんなものでもつき通せないものはない。」と言った。(そこで、)ある人が、「あなたの矛で、あなたの盾をつき通すとどうなるのかね。」と尋ねた。その人は答えることができなかったのである。

「今に生きる言葉」より

(1) ——線①「鬻ぐ」の意味を現代語訳の中から抜き出しなさい。 20点

(2) ——線②「能く陥すもの莫きなり。」とは、どんな意味ですか。現代語訳の中から抜き出しなさい。 25点

(3) ——線③「子の矛を以て」とは、どんな意味ですか。次から一つ選び、記号で答えなさい。 25点

ア 子供の矛を使って。
イ あなたの矛で。
ウ あなたの矛を持って。

(4) ——線④「其の人、応ふること能はざるなり。」とありますが、なぜ「応ふること」ができなかったのですか。二十五字以内で答えなさい。 30点

(1)	(2)	(3)	(4)

定期テスト予想問題 12

「不便」の価値を見つめ直す

文章を読んで、問いに答えなさい。

誤解してほしくないのは、私は便利であることを否定し、昔の不便な生活に戻ろうと言っているわけでも、不便なことは全てすばらしいと考えているわけでもないということだ。「不便」だからこそ得られるよさがあることを認識し、それを生かして新しいデザインを創り出そうというのが①「不便益」の考え方なのである。今、この考え方に賛同する仲間たちによって、自動車の運転支援の在り方や観光ツアーの仕掛け作りなど、さまざまな分野で新たな研究や提案がなされ始めている。

②「不便益」は、物事のデザインだけでなく、日常生活にも生きる発想だ。あなたの日々の生活の中で、「不便で嫌だな。」「面倒くさいな。」と思ってさけてきた物事の中に、実は、新しい気づきや楽しみが隠れているかもしれない。これまでの常識とは異なる別の視点をもつことで、世界をもっと多様に見ることができるようになるはずだ。あなたの周りには、どんな「不便益」があるだろうか。③もう一度、生活を見つめ直してみよう。

川上 浩司「『不便』の価値を見つめ直す」より

(1) ——線①「『不便益』の考え方」とは、どんなものですか。文章中の言葉を用いて答えなさい。 25点

(2) ——線②「『不便益』は……日常生活にも生きる発想だ。」とありますが、「不便益」を日常生活に生かした場合、どんなことが可能になると筆者は述べていますか。文章中から十三字で抜き出しなさい。 25点

(3) ——線③「もう一度、生活を見つめ直してみよう。」とありますが、「見つめ直」すには、どんな視点をもつことが大事ですか。文章中から抜き出しなさい。 20点

(4) この文章の内容に合っているものには○、合っていないものには×を付けなさい。 各10点

① 「便利」であることはよくないことだ。

② 「不便益」の考え方は新しい発想を生む。

③ 「不便」なことにも楽しみがある。

時間15分

／100点

合格75点

解答 p.30

(4)	(3)	(2)	(1)
①			
②			
③			

定期テスト予想問題 13

時間15分 ／100点 合格75点

解答 p.31

少年の日の思い出

文章を読んで、問いに答えなさい。

胸をどきどきさせながら、僕は紙切れを取りのけたいという誘惑（ゆうわく）に負けて、留め針を抜いた。すると、①四つの大きな不思議な斑点が、挿絵のよりはずっと美しく、ずっとすばらしく、僕を見つめた。それを見ると、この宝を手に入れたいという、逆らいがたい欲望を感じて、僕は、生まれて初めて盗みを犯した。僕は、ピンをそっと引っ張った。ちょうは、もう乾いていたので、形はくずれなかった。僕は、それをてのひらにのせて、エーミールの部屋から持ち出した。そのとき、さしずめ僕は、②大きな満足感のほか何も感じていなかった。

ちょうを右手に隠して、僕は階段を下りた。そのときだ。下の方から誰か僕の方に上がってくるのが聞こえた。その瞬間に、③僕の良心は目覚めた。僕は突然（とつぜん）、自分は盗みをした、下劣なやつだということを悟った。同時に、見つかりはしないか、という恐ろしい不安に襲われて、④僕は、本能的に、獲物を隠していた手を上着のポケットにつっ込んだ。ゆっくりと僕は歩き続けたが、大それた恥ずべきことをしたという、冷たい気持ちに震えていた。上がってきた女中と、びくびくしながら擦れ違ってから、僕は胸をどきどきさせ、額にあせをかき、落ち着きを失い、自分自身におびえながら、家の入り口に立ち止まった。

〈ヘルマン・ヘッセ／高橋 健二 訳「少年の日の思い出」〈「ヘッセ全集 二」〉より〉

(1) ——線①「四つの大きな不思議な斑点が、……僕を見つめた。」とありますが、この表現から「僕」のどんな様子が読み取れますか。次から一つ選び、記号で答えなさい。 25点

ア ちょうが生きているように見えて怖がっている様子。

イ ちょうの斑点が人の目に似ていることに驚いている様子。

ウ ちょうの斑点の美しさ、すばらしさに感動している様子。

(2) ——線②「大きな満足感」とは、どんな満足感ですか。文章中の言葉を用いて答えなさい。 25点

(3) ——線③「僕の良心は目覚めた。」とありますが、そのとき「僕」は自分のことをどう思いましたか。文章中から十一字で抜き出しなさい。 25点

(4) ——線④「僕は、本能的に、……ポケットにつっ込んだ。」とありますが、なぜそんなことをしたのですか。文章中の言葉を用いて、具体的に答えなさい。 25点

(1)	(2)	(3)	(4)

定期テスト予想問題 14

言葉3 さまざまな表現技法

表現技法について、問いに答えなさい。

時間15分 ／100 合格75点

解答 p.31

(1) 次の表現技法はどんなものですか。それを説明したものを後から選び、記号で答えなさい。 各5点

① 体言止め　② 倒置　③ 反復
④ 対句　⑤ 省略

ア 普通の言い方と言葉の順序を入れ替える方法。
イ 文末や句末を体言（名詞）で結ぶ方法。
ウ 文章や言葉を途中で止める方法。
エ 言葉を意味や形が対応するように並べる方法。
オ 同じ言葉を繰り返す方法。

(2) 次の表現技法はどの比喩を説明したものですか。後から選び、記号で答えなさい。 各5点

① 人間でないものを人間にたとえて表現する方法。
② 「まるで……」「……ようだ」などの言葉を使わずにたとえる方法。
③ 「まるで……」「……ようだ」などの言葉を使ってたとえる方法。

ア 擬人法　**イ** 直喩　**ウ** 隠喩

(3) 次の短文に使われている表現技法は何ですか。後から選び、記号で答えなさい。 各5点

① 空は今にも泣き出しそうだ。
② 羊のような雲が浮かんでいる。
③ 彼は歩く百科事典だ。
④ すばらしい青い海。
⑤ 空には星がまたたき、地上には雪がきらめく。
⑥ 聞こえてくるよ、風の音が。

ア 倒置　**イ** 体言止め　**ウ** 直喩
エ 擬人法　**オ** 対句　**カ** 隠喩

(4) 「彼は必ず来る。」という文に倒置を使い、「必ず」を強調する表現に書き直しなさい。 15点

(5) 「雪が優しく頬に触れた。」という文に体言止めを使い、「雪」に対する余情の表れた表現に書き直しなさい。 15点

(1)	(2)	(3)		(4)	(5)
①	①	①	⑥		
②	②	②			
③	③	③			
④		④			
⑤		⑤			

定期テスト予想問題 15

文法1～3のまとめ

問いに答えなさい。

時間15分　／100点　合格75点

解答 p.32

(1) 次の文を、例にならって文節に区切りなさい。 各5点

例 私は｜図書室で｜本を｜借りた。

① 友達と公園で待ち合わせる。

② 公園にきれいな花が咲いている。

(2) ――線の文節どうしの関係を後から選び、記号で答えなさい。 各5点

① ゆっくりと　深く　息を　吸い込む。

② そこに　置いて　ある　本を　取って　ください。

③ 目の　前に　海が　広がる。

④ もっと　いろんな　本を　読みたい。

ア 主・述の関係　イ 修飾・被修飾の関係　ウ 並立の関係　エ 補助の関係

(3) ――線の連文節の文の成分を後から選び、記号で答えなさい。 各4点

① 弟は、新しい　靴を　履いて　学校に　行った。

② 教室の　皆さん、静かに　して　ください。

③ 暖かく　なったので、セーターを　脱いだ。

④ 妹は　涙を　ずっと　こらえて　いた。

⑤ 白い　雲が　ぽっかりと　浮かんで　いる。

ア 主部　イ 述部　ウ 修飾部　エ 接続部　オ 独立部

(4) ――線の単語の品詞名を後から選び、記号で答えなさい。 各5点

① 雨が降ってきた。だから、窓を閉めた。

② 走ってきた姉は、疲れているみたいだ。

③ 今日の海は、とてもおだやかだ。

④ 祖父の話を、父からたくさん聞いた。

⑤ 教室に大きな地図が掛けてある。

⑥ 合唱部が全国大会に出場するそうだ。

⑦ みんなで食事をするのは楽しい。

⑧ こら、落書きはやめなさい。

⑨ 音楽に合わせてダンスをおどる。

⑩ 友達にメールを送った。

ア 名詞　イ 動詞　ウ 形容詞　エ 形容動詞　オ 副詞　カ 連体詞　キ 接続詞　ク 感動詞　ケ 助詞　コ 助動詞

(1)		(2)	(3)	(4)	
① 友達と公園で待ち合わせる。	② 公園にきれいな花が咲いている。	①	①	①	⑥
		②	②	②	⑦
		③	③	③	⑧
		④	④	④	⑨
			⑤	⑤	⑩

教科書ぴったりトレーニング〈光村図書版・中学国語1年〉

解答集

この解答集は取り外してお使いください。

朝のリレー

p.6

ぴたトレ1

1 ①ウ　②イ　③ア

2 ①口語自由詩　②二

3 ①カムチャツカ／夜　②メキシコ／朝　③ニューヨーク／夜
④ローマ／朝

p.7

ぴたトレ2

1 (1)イ
(2)夜…夢（一字）・寝がえり（四字）（順不同）
朝…朝もや（三字）・朝陽（二字）（順不同）
(3)イ

野原はうたう

p.8

ぴたトレ1

1 ①イ　②ア

2 ①作者名…たんぽぽはるか　連数…二
②作者名…かまきりりゅうじ　連数…二

3 ①平仮名　②野原／平易

p.9

ぴたトレ2

1 (1)イ
(2)イ
(3)ウ

シンシュン

p.10

ぴたトレ1

1 ①おどろ　②ぼく　③きら　④ぎゅうどん　⑤くつした　⑥ちが
⑦ふ　⑧おこ（いか）　⑨なぐ　⑩くや　⑪だま　⑫はな　⑬こわ
⑭あやま　⑮ひかく　⑯とら　⑰あま　⑱ぼう　⑲るいじ　⑳いす
㉑ふせん　㉒いた　㉓けんさく　㉔とくちょう

2 ①イ　②ア

3 ①シュンタ　②シンタ

4 ①入学式　②小説　③話しかけた

p.11

ぴたトレ2

1 (1)顔をしかめた
(2)ア
(3)シンタと違う自分は嫌だった（から。）

p.12～13

ぴたトレ3

1 (1)イ
(2)ちょっと怖がっているみたい
(3)例あの国語の小説が好きなこと。（十四字）
(4)例シュンタと違うところを発見するのが怖かったから。

例シュンタを傷つけるのが怖かったから。

(5)ア

(6)例人間は一人ひとり全然違う人間なのだから、話し合うことで理解を深めることが大切だと思ったから。

2 ①黙 ②離 ③怒 ④検索

考え方

1 (1)「ちゃんとけんかしよう。」の後に、「勇気がいることだったけど」「話しかけた」とある。また、その後のシンタとの会話から、「僕」がシンタとしっかり話し合おうとしていることがわかる。

(2)話しかけられて「僕を見た」シンタの表情を、「僕」はどのように感じているか、読み取ろう。

(3)「僕、あの小説が好きなんだ。」「あの、国語の小説。」と言っていることに着目してまとめる。後の部分を読んでいくと、シュンタはこの小説を「嫌い」と言ったことがあり、そのことが原因となって二人の仲が気まずくなったことがわかる。「僕」はその原因となったところに立ち戻り、「国語の小説」が実は好きなんだ、ということから話し始めたのである。

(4)二人の会話を追っていくとヒントがある。シンタは、「僕、シンタと違うところを発見するのが怖かったんだ。」というシュンタの言葉を受けて、「僕も！」と言っているので同じ気持ちであったことがわかる。もう一つは、シンタの「またシュンタを傷つけるのも怖かったしさ。」という言葉からまとめればよい。

(5)クラスメイトたちが見ていようが一切気にせず、話し続ける二人の様子から、きちんと話し合おうという気持ちが読み取れる。

(6)「それから」とは、この一件があってから、ということ。ではこの一件で二人はどのようなことを思ったのか考える。まず「話そう」と言っている理由は、二人は「そっくりだけど、全然違う人間なのだった」と気づいたからだ。だからこそ二人は「話す」ことで、よりおたがいを理解し合おうと考えたのである。別解としては、「人間は一人ひとり感じ方や考え方が違うのが当たり前だと知り、おたがいを理解するためには話し合うことが大切だと思ったから。」など、同様の内容であれば正解。

読解テクニック

1 (3)**「〜字以内」での答えは、指定字数に近い字数で答える！**

「〜字以内」だからといって、字数が少なすぎると減点や誤答となる。指定字数のマイナス二・三字を限度として答える。

漢字1 漢字の組み立てと部首

p.14

ぴたトレ1

1 ①くせ ②あつか ③れっとうかん ④きそ ⑤がんこ ⑥はへん ⑦おせん ⑧あんたい ⑨みょうじょう ⑩じょうしょう ⑪すみ ⑫すいぼくが ⑬なご ⑭けいこ ⑮つど ⑯やわ ⑰もっぱ ⑱とうげい ⑲ねんざ ⑳だぼく ㉑きょひ ㉒いっかつ ㉓いど ㉔ぼうせき

2 ①イ ②ア

p.15

ぴたトレ2

1 (1)①へん ②つくり ③かんむり ④あし ⑤たれ ⑥にょう ⑦かまえ

(2)①ア ②ウ ③イ

2 (1)①糸 ②心 ③手 ④火

(2)①A月 Bにくづき ②A頁 Bおおがい ③A衤 Bころもへん ④A疒 Bやまいだれ

(3)①ウ ②エ ③カ

考え方

2 (1)①左側にある「糹」は「いとへん」、下にある「糸」は「いと」という。

②左側にある「忄」は「りっしんべん」、下にある「心」は「こころ」、「⺗」は「したごころ」という。
③左側にある「扌」は「てへん」、中や下にある「手」は「て」という。「承」は「⺘」の部分が「手」を表している。
④左側にある「火」は「ひへん」、中や下にある「火」は「ひ」、下にある「灬」は「れんが（れっか）」という。
⑵①「腎」や「肺」などの「⺼」「月」の部分は、「肉」を簡単にしたもので、「にく」「にくづき」といい、体に関係のある意味を表す。また、「望」「服」「朝」などの「⺝」「月」「月」は、同じ「月」の形をしているが、こちらは月や時間に関係のある意味を表す。混同しないように注意しよう。

ダイコンは大きな根？

p.16

ぴたトレ1

1 ①くき ②ふたば ③の ④じく ⑤あと ⑥から ⑦ちえ ⑧さいぼう ⑨はかい ⑩おさ ⑪みりょく

2 ①キ ②エ ③イ ④ウ ⑤ア ⑥オ ⑦カ

3 ①導入 ②問いと答え ③まとめ

4 ①胚軸 ②（主）根

p.17

ぴたトレ2

1 ⑴一／それでは、
⑵ダイコンの芽であるカイワレダイコン
⑶三／根と胚軸の二つの器官

p.18〜19

ぴたトレ3

1 ⑴上のほう…胚軸　下のほう…（主）根
⑵胚軸は、〜いるから
⑶①花をさかせる ②栄養分 ③虫（の害） ④辛み成分
⑷植物の知恵
⑸イ・エ（順不同）
⑹例ダイコンは使用する部分によって味が異なるので、料理に合わせて使用する部分を使い分けること（ができる）。

2 ①茎 ②伸 ③抑 ④魅力

考え方

1 ⑴第二段落では、ダイコンを上のほうと下のほうとに二分して、それぞれ何が太ってできたものかを述べている。段落の最後の文に「ダイコンの白い部分は、根と胚軸の二つの器官から成っている」とあるので、下のほうは「根」と答えても正解とする。
⑵続く文に、胚軸の器官としての役割（＝水分や糖分などの栄養分を送ること）が述べられていて、ここから「水分が多く、甘みがある」理由がわかる。五十四字という字数制限に注意し、理由を表す「……から」までをぬき出す。

⑶ダイコンの下の部分が根であることをおさえたうえで、根が辛くなる理由を考える。根には大切な栄養分が運ばれてくるが、それを虫の害から守るために、辛み成分をたくわえているという、「植物の知恵」を理解する。

⑷最後の段落では、根が辛くなる理由についてくわしく説明している。この文章が前の段落で述べたことについての具体的な説明であることが捉えられたら、前の段落から探せばよいことがわかる。「五字」という字数制限もヒントになる。

⑸段落ごとの役割に着目する。それぞれの段落を見ると、第一・第二段落は、「その疑問」に対する「答え」、第三段落は「問い」、第四〜六段落はその「答え」というように、問題提起した内容について、具体例を用いながら説明し、答えを導き出す形で文章が展開されていることがわかる。また、「カイワレダイコン」と「ダイコン」を比較して述べることで「その疑問」の「答え」をわかりやすく、「胚軸」と「根」を比較して述べることで、それぞれが別の特徴をもっていることを理解しやすくしている。

(6)ダイコンの特徴として、部分によって味が違うことが書かれている。この特徴をどのように活用できるかを考えて答える。別解としては、「ダイコンの下の部分は味が辛いので、辛いのが苦手な人はなるべく上の部分を食べるようにすること（ができる）。」などでも正解。味が違うという特徴を必ずおさえて答えること。

ちょっと立ち止まって

p.20

ぴたトレ1

1 ①してき ②う ③かげえ ④か ⑤めずら ⑥おく ⑦あご ⑧けしょう ⑨すわ ⑩しゅうれい ⑪ろしゅつ ⑫あらあら ⑬しば ⑭ため ⑮きょり ⑯こんきょ ⑰もと ⑱こ ⑲しんらい ⑳かくにん ㉑きそ

2 ①ア ②イ

3 ①序論 ②本論 ③結論

p.21

ぴたトレ2

1 (1)イ
(2)②橋や池など周辺のもの（十字）
③その上を通る人など（九字）
(3)一瞬のうちに、中心に見るものを決めたり、それを変えたりすることができる（という一面。）

p.22〜23

ぴたトレ3

1 (1)例今見えている絵を意識して捨て去ること。
(2)①どくろをえがいた絵
②例目を遠ざけてみる。
(3)同じ図で〜取られる（こと。）
(4)イ
(5)私たちは
(6)例同じ物でも見方を変えて見ることで、その物の他の面にも気づき、新しい発見の驚きや喜びを味わうことができるということ。

2 ①指摘 ②珍 ③根拠 ④基礎

考え方

1 (1)同じ段落の最後の文に、具体的に書かれていることから読み取る。一度、何かの絵（具体例では「若い女性の絵」）として見てしまったら、他の絵（「おばあさんの絵」）として見ることが難しい。そのため、一度頭に浮かんだ絵（「若い女性の絵」）を意識して捨て去る必要があるのである。
(2)はじめに見えていた絵は「女性の絵」であるが、「目を遠ざけてみ」ると、異なる絵（「どくろをえがいた絵」）に変わってしまうとある。
(3)前の段落では、見る距離で絵が変わることの具体的な例を述べ、最後の一文でそれをまとめている。そこから、「〜こと。」に続くようにぬき出せばよい。
(4)それぞれの段落に役割があることを確認する。筆者の主張の根拠となる具体例として、第二段落では見る距離で見える絵が変わることを述べているが、第三段落では、「絵に限ったことではない」として、それを説明・補足する形で「富士山」「ビル」の例が展開されている。
(5)第四段落の初めの文にある、「私たちは、……思いがちである。」という表現に着目する。「〜がち」とは、「〜することが多い。〜しやすい」という意味。私たちは第一印象や一面のみで、その物の全てを知ったように思いやすい、という欠点があるのである。
(6)(5)の欠点を克服するためにも、見方を変える（他の見方を試みる）ことが大事で、それによって他の面に気づき、新しい発見の驚きや喜びを味わうことができると述べている。別解としては、「同じ物でも複数の見方を試みることで、他の面にも気づき、新しい発見の驚きと喜びを味わえるということ。」など、同様の内容であれば正解。

読解テクニック

1 (1)**文末で減点されないためには、設問文に印を付けておく!**
「どうすることですか」「どんなことですか」と問われたら、文末は必ず「～こと。」と答えなければならない。うっかりしないように、設問文の「こと」の部分に◯や□などの印を付けておくとよい。

p.24

文法への扉1　言葉のまとまりを考えよう

1 ぴたトレ1
①けんない　②きそ　③にるいしゅ　④おおわざ　⑤かっさい
⑥ほうがん　⑦さ　⑧きゅうどう　⑨しんぱん　⑩れんぱ
⑪かいひん　⑫ひってき　⑬そうしつ　⑭さくさん　⑮きゅうし
⑯かいきん　⑰こうたく

2
①イ　②ウ　③ア

p.25

1 ぴたトレ2
(1)ウ→ア→イ→エ→オ
(2)①ア・ウ・エ・カ(順不同)　②イ・オ(順不同)
(3)①四　②九
(4)イ
(5)①四　②五
(6)ア
(7)①七　②七

考え方

1 (1)大きいまとまりの順に並べると、文章・談話→段落→文→文節→単語となる。
(2)文章は文字で表されたもの、談話は音声で表されたものをいう。
(3)段落とは、文章を内容によって区切ったまとまりのこと。形式上、段落の初めは一字下がっているため判別しやすい。また、文は句点で区切られるため、句点の数を数えて判別する。
(4)文節とは、発音や意味のうえで不自然にならないように、文をできるだけ短く区切ったまとまりのこと。文節の区切り目を問われたときは、それぞれの区切り目に「ね」や「さ」を入れて、言葉が自然かどうかで判断する。例えば「見えるのが」を「見える(ね)-のが(ね)」と区切ると不自然な言葉になるので、「見えるのが」で一文節とわかる。
(5)それぞれの文を文節で区切ると次のようになる。
①父は-明日から-アメリカに-出張するそうだ。
②駅まで-走ったが、-電車に-乗りおくれて-しまった。
(6)②の「乗りおくれて」は、二つの単語が結びついた複合語。複合語は、「乗り-おくれて」のように分けることはできない。
単語とは、文節をより細かく分けたもので、言葉の最小単位のこと。文を単語に分ける問題では、まずは文節で区切り、それぞれの言葉の働きを考える。この文を文節で分けると、
雨が-やんで-太陽が-出た。
となる。ここから、単語をその働きによって分けると、
・ものの名前を表す…「雨」「太陽」
・動作(変化)や様子を表す…「やん」(「やむ」が変化)「出」(「出る」が変化)
・別の単語の下に付いて、文節を作る…「が」「で」「た」
となり、結果、答えはアとなる。
(7)それぞれの文を単語で区切ると次のようになる。
①バラ-の-花-が-たくさん-さい-た。
②右-に-曲がる-と-中学校-が-見える。
①の「さいた」は、「さい(「さく」が変化)」と、別の単語の下に付いて、文節を作る「た」であることに注意。

p.26～27

ぴたトレ3

1

(1)①イ ②エ ③ア ④ウ
(2)①ウ ②イ ③イ
(3)①今夜は｜とても｜きれいな｜星空だ。
②となりの｜犬が｜ワンワン｜ほえて｜いる。
③議題に｜ついて、｜みんなで｜話し合う。
(4)①四 ②五 ③五
(5)①イ ②ア ③エ
(6)①部屋｜に｜かけ｜て｜ある｜絵｜を｜ながめる。
②春｜に｜なり、｜たくさん｜の｜花｜が｜さい｜た。
③計算し｜て｜正確な｜数字｜を｜割り出す。
(7)①七 ②八 ③七

考え方

1 (2)文節の区切り目に、「ね」や「さ」を入れて自然かどうか判断する。
①「かわいたので」「飲みたい」で一文節。
②「走り回る」は複合語。「走り｜回る」ではない。
③「作ってくれる」は「作って（ね）｜くれる（ね）」と区切っても自然であることを確認しよう。
(3)②「ほえている」は「ほえて（ね）｜いる（ね）」と区切ることができる。
③「話し合う」は複合語。「話し｜合う」ではない。
(4)①「あそこに｜あるのが｜私の｜家です。」と区切れる。
②「この｜本は｜誕生日に｜父から｜もらった。」と区切れる。
③「前を｜走る｜ランナーを｜一気に｜追いぬく。」と区切れる。「追いぬく」は複合語。「追い｜ぬく」ではない。
(5)まずは文節で区切り、それぞれの言葉の働きを考えてさらに分けていく。
①「好きな」は「好きだ」が変化したもので、一つの単語。
②「行った」は「行っ（「行く」が変化）｜た」となる。
(6)①「かけてある」は、「かけ（「かける」が変化）｜て｜ある」となる。
③「計算して」は、「計算し（「計算する」が変化）｜て」となる。「計算する」「説明する」など、「～する」という語も一つの単語である。「正確な」は、様子を表す「正確だ」の変化したもの。「星空だ」「白バラだ」などは、「星空｜だ」「白バラ｜だ」と二つの単語から成るが、様子を表すものの場合は、一つの単語となる。「割り出す」は複合語で、一つの単語。
(7)それぞれの文を単語で区切ると次のようになる。
①友達｜と｜話｜を｜し｜ながら｜帰る。
②山｜の｜頂上｜から｜日の出｜を｜見｜た。
③兄｜は｜明日｜京都｜に｜行く｜らしい。

情報を集めよう／情報を読み取ろう／情報を引用しよう

p.28

ぴたトレ1

1
①しぼ ②せいきゅう ③かしらもじ ④てつがく ⑤ほ ⑥すいとう ⑦し ⑧せつじょく ⑨ぬ ⑩ちょうこく ⑪じゅんしゅ

2
①イ ②キ ③ア ④カ ⑤オ ⑥エ ⑦ウ

p.29

ぴたトレ2

1
(1)図書館／人／インターネット
(2)目次／索引（順不同）
(3)イ・エ（順不同）

2
①イ ②ア ③エ ④ウ

3
(1)例かぎ（「　」）でくくる。
例引用文の前後に行を空けて一、二字下げる。
(2)出典

詩の世界

p.30

ぴたトレ1

1 ①ふつう　②すみ　③わた　④こ　⑤さばく　⑥さ　⑦もど

2 ①ウ　②エ　③イ　④ア

3 ①口語自由詩　②たとえ

p.31

ぴたトレ2

1 (1)湖水
(2)イ
(3)ア

比喩で広がる言葉の世界

p.32

ぴたトレ1

1 ①ひゆ　②ゆ　③ほ　④ことがら　⑤しゅんじ　⑥えが　⑦あた
⑧つ　⑨かみなり　⑩ひび　⑪げきれつ　⑫はくりょく
⑬きんちょう　⑭かがや

2 ①エ　②ウ　③オ　④イ　⑤ア

3 類似点／別の

4 形状／特性

p.33

ぴたトレ2

1 (1)ある事柄～表すこと
(2)まるで・ようだ・みたいだ（順不同）
(3)たとえる～いること
(4)(例)豊富な知識をもち、たずねればいつでも必要な知識を与えてくれる人。

p.34～35

ぴたトレ3

1 (1)イ
(2)②Aあの人（三字）　B辞書（二字）
④A部品（二字）　Bドーナツ（四字）
(3)たとえる～いること
(4)形状をわかりやすく伝える効果
物事の特性をより生き生きと印象づける効果
(5)イ
(6)(例)形のないものを表現する場合、表面からはうかがい知れないほどの中身があるという意味。

2 ①揺　②輝　③届　④創造

考え方

1 (1)同じ文の前の部分から読み取る。イの「類似点」とは、「似たところ」を言い換えたものである。アは二文目に「それらの言葉（「まるで」「ようだ」「みたいだ」）を使わずに表現することもある。」とあるので間違い。ウの「相違点」とは「二つの間に差があり同じでない点」なので間違い。

(2)④まず、「図のような形の部品」を、比喩を使って「ドーナツのような形」と表現していることをおさえよう。つまり、「部品の形」を「ドーナツのような形」といっているのである。比喩の効果を問う問題であるからそのような言葉を文章中から探すとわかりやすくなる。

(3)「瞬時に情景を思い描く」ためには、形が似ているなどの共通点と、多くの人に共有されて（＝知られて）いることが条件となる。そのことが「大切なことは」で始まる文に書かれている。必要な部分のみ抜き出すこと。

(4)「効果」という言葉に着目して探そう。第二段落は「形状をわかりやすく伝える効果」について、第三段落は「物事の特性をより生き生きと印象づける効果」について述べられている。

(5)「頭の中に入れておく」のように、普通に使っているありふれた表現なので、比喩と認識していないのである。
(6)「深く感謝する」の「深い」は、「深い池」などのような「深い」とは異なる。「深い池」の「深い」は、表面から距離が離れている様子を表す「深い」本来の意味だが、「深く感謝する」の「深い」は、表面からはわからないほどの中身があるという意味である。そしてそれは、「思考や感情など、形のないもの」を表現する場合に使われているのである。別解としては、「思考や感情など形のないものの程度を表現しようとする場合、表面からはわからないほどの中身があるという意味。」など、同様の内容であれば正解。

読解テクニック

1 (4) **設問文からヒントを見つける！**
文章から答えを探す問題では、設問文の中に答えのヒントがあることが多い。「どんな効果」と問われた場合は、「〜効果」と書かれた部分を探し、指定された字数で抜き出せばよい。

言葉1 指示する語句と接続する語句

p.36 ぴたトレ1

1 ①めいしょう ②ばっさい ③へいれつ ④るいか ⑤とびら ⑥かぎ ⑦か ⑧せんたく ⑨れんらく ⑩じこう ⑪たくわ ⑫しょうかい ⑬すず ⑭す ⑮やわ ⑯しゅうしょく ⑰くふう ⑱ふく ⑲と ⑳きわ ㉑ほど

2 ①イ ②ア

p.37 ぴたトレ2

1 (1)①写真 ②公園 ③駅 ④すし
(2)①向こうに見える古い建物 ②夏休みに訪ねた祖父の家 ③努力にまさる天才なし

2 (1)①ア ②エ ③ウ ④オ ⑤イ ⑥カ
(2)①エ ②イ ③ウ ④オ ⑤カ ⑥ア

考え方

1 (1)——線の言葉に、指示された言葉を当てはめて文章が自然になる語句を選ぶ。
(2)内容を答えるのだから、「古い建物」や「祖父の家」だけでは不完全。「あれ」や「そこ」に当てはまるように直して答えよう。

2 (1)①は順接、②は選択、③は転換（てんかん）、④は累加、⑤は逆接、⑥は説明の働きのある接続する語句を選ぶ。
(2)接続する語句の働きを覚えて判断することもできるが、接続する語句によってつながれた文と文、語句と語句の文脈や意味からも判断できる。

本の中の中学生

p.38 ぴたトレ1

1 ①はば ②のぞ ③かれ ④ぬ ⑤うで ⑥きおく ⑦す ⑧いっせい ⑨まじょ ⑩かみ ⑪おごそ ⑫どう ⑬は ⑭かくしん ⑮はさ ⑯うえきばち ⑰たな ⑱す ⑲ひま ⑳こもん ㉑みが

2 ①イ ②ア

3 ①設楽 ②上原（先生） ③まい ④おばあちゃん ⑤河合

p.39 ぴたトレ2

1 (1)扱いにくい子
(2)ア
(3)例まいの気持ちが明るくなったということ。

大人になれなかった弟たちに……

p.40

ぴたトレ1

1 ①くうしゅう ②ばくだん ③ほ ④うす ⑤かん ⑥かし ⑦ぬす ⑧そかい ⑨よんさい ⑩しんせき ⑪けいりゅう ⑫もも ⑬おお ⑭こうかん ⑮となりまち ⑯かわ ⑰えんりょ ⑱ばくげき ⑲すぎいた ⑳けず ㉑かん

2 ①イ ②ア

3 ①ヒロユキ ②母

4 ①例食べ物 ②疎開 ③栄養失調 ④戦争

p.41

ぴたトレ2

1 (1)イ (2)ア (3)美しい

p.42〜43

ぴたトレ3

1 (1)栄養失調 (2)ア
(3)例ヒロユキの死を受け入れ、悲しみにたえるには、幸せだったと思うしかないから。
(4)①エ ②ア ③ウ ④オ
(5)例戦争中、弟のヒロユキと同じように死んでいった子供たちがたくさんいたから。

2 ①薄 ②疎開 ③渓流 ④覆

考え方

1 (1)ヒロユキが死んだときの様子が書かれた段落に着目する。病名はなく、食べ物が十分にとれなかったための「栄養失調」で死んでしまったことが書かれている。
(2)「……」という表現には、人物の思いや考えに余韻をもたせ、強調して伝える働きがある。ここでは「栄養失調」であったことを強調していることから、食べ物が不足していなければ、そしてその原因である戦争さえなければ、ヒロユキは死なずにすんだはずだということに、「僕」が強いいきどおりを感じていることが読み取れる。
(3)十分な食べ物がなく、栄養失調で死んでしまったヒロユキのことを思うと、決して「幸せだった」はずはない。しかし、そう思わなければ、ヒロユキの死を受け入れ、悲しみにたえることはできないという、母のつらく切ない心情を読み取る。
(4)これまで一度も涙を見せなかった母だったが、ヒロユキが栄養失調であっても成長し、生きようとしていたことを実感して、涙をこぼしたのである。大切なわが子を守りきれなかった母の気持ちを考えよう。
(5)この文章では、栄養失調で死んだ弟のことが述べられているが、戦争中は栄養失調だけでなく、空襲などで死んだ子供も数多くいた。つまり、この題名は、戦争の犠牲になった(=「大人になれなかった」)子供たちが多くいたことを表しているのである。別解としては、「弟だけでなく、多くの子供が戦争のために死んでいったことを知ってほしいから。」などでも正解。多くの子供が死んでいったことに触れていることが必要である。

読解テクニック

1 (3)指定された言葉がある部分・関連する部分をヒントにする！
「〜の言葉を用いて」のように、言葉が指定されている場合は、その言葉がある部分、関連する部分を探すことで、大まかな答えが予測できる。もちろん、指定された言葉を必ず用いる。

星の花が降るころに

p.44

ぴたトレ1

1
①おれ ②じゅく ③せんぱい ④ろうか ⑤なが
⑥ちょうせん ⑦こうすい ⑧さそ ⑨そむ ⑩そうぞう
⑪くちびる ⑫か ⑬ひんけつ ⑭おそ ⑮たましい ⑯さぐ
⑰にく ⑱ひかげ ⑲ふ ⑳だいじょうぶ ㉑そうじ ㉒やっかい
㉓ぼうし ㉔かか

2 ①ア ②イ

3 ①夏実 ②戸部（君）

4 ①公園 ②教室 ③廊下 ④水飲み場 ⑤公園

p.45

ぴたトレ2

1
(1)何度か小さ～てしまった
(2)ア
(3)イ

p.46～47

ぴたトレ3

1
(1)例「私」と夏実だけの秘密基地で、どんなことからも銀木犀の木が守ってくれると信じていられたから。
(2)例古い葉っぱを落として、その代わりに新しい葉っぱを生やす。（二十八字）
(3)丸屋根の部屋
(4)イ
(5)例銀木犀の木の下で、銀木犀の花を拾うこと。
(6)例夏実との関係がどうなるかはわからないが、前向きに歩んでいこうという気持ち。

2 ①先輩 ②廊下 ③挑戦 ④誘

考え方

1 (1)後に続く部分に着目してまとめる。「私」と夏実の二人だけの秘密基地であり、「どんなことからも木が守ってくれる」、安心な場所だったのである。

(2)常緑樹は一年中葉がしげり、葉はずっと落ちないと思っていたが、実際はそうではないとおばさんが話してくれている。おばさんの話し言葉を書き言葉に直して、字数制限内で答えよう。

(3)銀木犀を木の下から見上げてみた表現であることを押さえる。学校からの帰りに公園に立ち寄ったときに、同じように木の下から銀木犀の木を見上げて表現した言葉がある。「半円球」と「丸屋根」という、似た形を思い浮かべるとよい。

(4)花びらが縮んで色があせていること、「いつかまた夏実と花を拾える日が来るかも」と思っていることから、「星形の花」は、以前夏実と拾ったものだと考えられる。つまり、「私」と夏実とをつなぐ大切なものなのだ。しかし、おばさんの常緑樹の葉っぱの話を聞いて、自分も古いもの（ここでは夏実との友情）にこだわらずに、新しく前向きに歩いていこうという気持ちになった、その気持ちが表れた行動である。

(5)注意する点は、「ここ」（銀木犀の木の下）でだれと銀木犀の花を拾うかが重要なのではなく、「ここ」で銀木犀の花を拾うこと自体、「もうしないかもしれない」と述べていることである。

(6)夏実との関係に思い悩んでいた「私」が、おばさんの話をきっかけに前向きな気持ちになったことに着目して答える。別解としては、「夏実との関係を思い悩むのはやめて、もっと前向きに生きていこうとする気持ち。」などでもよい。夏実との関係が全てではないこと、前向きな気持ちになっていることが書かれていれば正解。

読解テクニック

1 (1)理由になりそうな部分に「～から」をつけて考える！
「どうして」「なぜ」など、理由を答える問題では、文章中の理由になりそうな部分に――などの印を付け、その部分を「～から。」とまとめてみて、不自然な文章にならないか、理由として成立するかどうかを判断するとよい。

p.48

言葉2 方言と共通語

ぴたトレ1

1 ①ねこ ②そく ③たが ④ふきゅう ⑤えんかつ ⑥しめ ⑦せんい ⑧いきづか ⑨つ

2 ①エ ②キ ③イ ④ア ⑤カ ⑥オ ⑦ウ

p.49

ぴたトレ2

1 イ・ウ・エ（順不同）

2 ウ・オ（順不同）

3 (1)①行かない ②父だ
(2)例十月九日にひなん訓練を行います。命を守る大事な訓練ですから、ぜひ皆様ご参加ください。

考え方

1 方言は、自分の感情や感覚を言い表すのに適した言葉であることを押さえる。

2 共通語は、どの地域の人にも通用する言葉であることを押さえる。

3 (2)「行うんや」「訓練やさかい」に方言が使われている。「参加を呼びかける文章」であることも考えて、ふさわしい共通語に直そう。

p.50

漢字2 漢字の音訓

ぴたトレ1

1 ①いく ②うむ ③どしゃ ④せいか ⑤げし ⑥しゅしょう ⑦ちき ⑧かいどう ⑨ごうきゅう ⑩しんこく ⑪しょもう ⑫ぎこう ⑬しゃだん ⑭きかく

2 ①エ ②ウ ③ア ④オ ⑤イ

p.51

ぴたトレ2

1 ①a はくりょく b りきさく ②a きょうみ b こうふん ③a きぼ b もけい ④a るす b りゅうい

2 ①a した b お c さ d しも e くだ ②a は b い c う d なま

3 ①a しきし b いろがみ ②a にんき b ひとけ

考え方

2 漢字の訓については、送り仮名のあるものはそれで判断する。送り仮名のないものは、前後の文から漢字の意味の見当をつけて判断する。

3 同じ漢字を使った熟語でも、読み方によって意味が異なるものがある。そのような場合は、意味といっしょに例文を覚えることで間違いが少なくなる。問題の熟語のほか、「大家」（おおや・たいか）、「上手」（うわて・かみて・じょうず）、「見物」（みもの・けんぶつ）などがある。

p.52

「言葉」をもつ鳥、シジュウカラ

ぴたトレ1

1 ①ころ ②ほお ③はんしょく ④えさ ⑤いかく ⑥ぶんせき ⑦けいかい ⑧じょうきょう ⑨ま ⑩くわ ⑪はら ⑫だれ ⑬かいしゃく ⑭きょうい ⑮かくとく ⑯みりょう ⑰さか ⑱ふ ⑲かくり ⑳かんきょう ㉑ぐうぜん ㉒かく

2 ①イ ②ア

3 ②仮説 ③検証 ④検証 ⑤結論

p.53

1 ぴたトレ2

(1) 例 シジュウカラの「ジャージャー」という鳴き声が、「ヘビ」を意味する「単語」ではないか。

(2) 例 鳴き声を発する状況を記録すること。

例 鳴き声を聞いたシジュウカラが、どのように振る舞うのかを調べること。（順不同）

(3) ヘビを警戒するようなしぐさを示す

p.54〜55

1 ぴたトレ3①

(1) ① 例 地面を見下ろしたり、巣箱の穴をのぞいたりした。

② 例 首を左右に振り、周囲を警戒するだけだった。

③ 例 警戒行動をほとんど示さなかった。

(2) 例 ヘビから卵やひなを守るため。

(3) ① イ

② 例「ジャージャー」という鳴き声を聞いたシジュウカラが、ヘビの姿をイメージすることなく、地面や巣箱を確認したかもしれないから。

③ 例「ジャージャー」という鳴き声を聞いたシジュウカラが、実際にヘビの姿をイメージしているのかの検証。

(4) 例「ジャージャー」という鳴き声を聞いたシジュウカラが、木の枝をヘビと見間違えて、木の枝をヘビかどうか確認する行動。

2 ① 繁殖 ② 分析 ③ 獲得 ④ 魅了

考え方

1 (1) それぞれの——線の後に書かれている。「具体的な反応を簡潔に」とあることに注意し、重要な言葉を落とさないようにまとめる。

(2) ヘビの居場所をつき止めて、ヘビを追い払うのは、「卵やひなを守るため」であることを読み取る。

(3) ① 直前の部分に筆者が主張しようとしていることが書かれている。

② 筆者の主張は、「ジャージャー」という鳴き声が、ヘビを示す「単語」であるということなのに、この実験だけでは、シジュウカラが「地面や巣箱を確認しろ。」という命令に従っただけで、シジュウカラがヘビの姿をイメージした（＝ヘビを表す「単語」である）ことが証明されないのである。

③「そこで今度は」に着目して、次にどんな検証をしようと考えたのかをまとめればよい。

(4) 私たちが、「ヘビだ！」という単語からヘビの姿をイメージし、木の枝をヘビと見間違えてしまうように、シジュウカラも「ジャージャー」という鳴き声（「単語」）で木の枝をヘビと見間違えてしまったならば、ヘビの姿をイメージした証拠になると考えたのである。ヘビと見間違えたシジュウカラが取ると思われる行動は、ヘビかどうかを確認したり、追い払おうとしたりといった「卵やひなを守るため」の行動となると考えられる。別解としては、「『ジャージャー』という鳴き声を聞いて、木の枝をヘビと見間違えたシジュウカラが、木の枝を追い払おうとする行動。」など、同様の内容であれば正解とする。

読解テクニック

1 (2) **目的や理由を答える問題は、「ため」「から」に印を付けておく！**
目的や理由の書かれた文には、「〜ため」「〜から」などの言葉が使われていることが多い。見つけたら◯や□などの印を付け、それを含む文に——を引き、設問の内容に合っているか確認して答えるとよい。

p.56〜57

1 ぴたトレ3②

(1) 例「ジャージャー」という鳴き声は「ヘビ」を意味する単語であるという結論。

(2) ① 単なる感情の表れ

② ウ

(3)ヘビの存在を示す特別な鳴き声
(4)イ
(5)例シジュウカラが異なる「単語」を使い分けていること。
例シジュウカラが「単語」を組み合わせて、より複雑なメッセージを伝えていること。(順不同)
(6)例人間が最も高度な生物であると決めつけることなく、動物たちの研究が盛んになれば、まだまだ驚きの発見があるだろうということ。

2 ①頻(類) ②餌 ③警戒 ④状況(情況)

考え方

1 (1)「結論づけられます。」という言葉に着目する。「どんな結論」かが問われているので、文末が「～結論。」となるようにまとめること。
(2)①次の文に、「動物の鳴き声は……単なる感情の表れ」だとある。
②問題文の「このような考え方」とは、次の文にある、動物の鳴き声は「単なる感情の表れ」であり、物の存在や出来事を伝える「単語」ではないという考え方のこと。続く文に、「動物の鳴き声に……進められてきませんでした。」とある。つまり、「研究が遅れた」ということである。
(3)ヘビを示す「単語」とは、「ジャージャー」という鳴き声であり、それは、卵やひなを守るために、進化の過程で獲得した「ヘビの存在を示す特別な鳴き声」なのである。
(4)筆者はシジュウカラの言葉について研究し続けている。
(5)——線⑤に続く部分に書かれている。「……だけでなく」とあるので、その前後二つに分けて答える。
(6)最後の段落に着目する。筆者は、「人間が最も高度な生物だ」という考え方が動物の研究をさまたげていると考えている。だから、まずその決めつけ(認識)を改めて、動物の研究が盛んになれば、シジュウカラが「言葉」をもつ鳥であると実証されたような「発見」がされるだろうと述べているのである。別解としては、「人間が最も高度な生物であるという認識を改めて動物の研究を進めれば、新しい驚きの発見があるだろうということ。」など、同様の内容であれば正解である。

音読を楽しもう 大阿蘇(おおあそ)

p.58

ぴたトレ1

1 ①たびかさ ②なえ ③しゅっか ④けいだい ⑤じゅれい ⑥えど ⑦さち ⑧さいきん ⑨にじ ⑩なっとう ⑪はっこう ⑫ひろう ⑬まさつ ⑭かんげん ⑮こうてい ⑯こうさ ⑰そうにゅう ⑱ばいしん ⑲ばいたい ⑳ちゅうしゃ ㉑ちゅうかい ㉒けむり ㉓ふんえん ㉔おか

2 ①イ ②ア

p.59

ぴたトレ2

1 (1)イ
(2)例雨の中に立ち、ぐっしょりと濡れて草をたべている様子。
(3)彼ら
(4)十/十三
(5)二十
(6)イ・エ(順不同)

音読を楽しもう いろは歌/古典の世界

p.60

ぴたトレ1

1 ①いう ②いなか ③もみじ ④ようなし ⑤行かん ⑥悲しゅうて

2 ①イ ②ア

3 ①オ ②エ ③イ ④ア ⑤ウ

p.61

1 ぴたトレ2

(1)ⓐにおえ ⓑならん ⓒうい ⓓきょう ⓔえい
(2)イ
(3)イ・エ（順不同）

蓬萊の玉の枝――「竹取物語」から

p.62

1 ぴたトレ1

①つつ ②ぼうとう ③さず ④かご ⑤むすめ ⑥ひめ
⑦けっこん ⑧あきら ⑨おとず ⑩おそ ⑪たず ⑫しゃめん
⑬すそ ⑭うば ⑮むか ⑯め ⑰そ ⑱おく ⑲ふみ
⑳うけたまわ

2
①ウ ②エ ③イ ④ア

p.63

1 ぴたトレ2

(1)ⓐよろず ⓑいいける
(2)①さぬきのみやつこ
②野山に
(3)②不思議に思って ③かわいらしい様子で

p.64~65

1 ぴたトレ3

(1)ⓐよそおい ⓑもうで
(2)①人目につかぬ ②玉作りの匠 ③にせの玉の枝
(3)②くらもちの皇子 ③天人の服装をした女性
(4)「これは、蓬萊の山なり。」
(5)ウ
(6)全く登りようがありません。
(7)例わざわざ見劣りするものだと強調することで、にせの玉の枝であることを隠そうとしたから。

2
①諦 ②奪 ③迎 ④承

考え方

1
(1)ⓐ語頭以外のハ行の音は、「ワ」以外ア行の音になる。ⓑ「まうで」の「まう」(mau)は、母音が「au」であり、これは「ô」となるので「mô」、つまり「もう」となる。
(2)――線①の後の部分に、計画について書かれている。その部分から当てはまる言葉を抜き出す。
(3)古文は主語が省略されていることが多いので、現代語訳がある場合は、古文と現代語訳を対応させながら読み取ることが大事。「私」（話者である「くらもちの皇子」）が、天人の服装をした女性に山の名前を尋ね、女性が蓬萊の山だと答えたのである。
(4)――線④の直前の部分に着目する。古文の中から抜き出すことに注意しよう。
(5)対応する現代語訳は、「うれしくてたまりませんでした。」であることを押さえよう。くらもちの皇子の架空の冒険談ではあるが、探していた目的地にやっとのことでたどり着き、喜んだ気持ちを表している。
(6)対応する現代語訳を探して答える。言葉だけではなく、前後の文脈も確認して、適切な部分を抜き出す。
(7)対応する現代語訳は、「たいそう見劣りするものでしたが」であることを確認する。くらもちの皇子は、玉の枝がどんなものか知らないのであるから、自分の作らせたものに自信がない。だから、あえて「見劣りするもの」と謙遜することで、本物であることを強調しようとしたのである。別解としては、「自分が作らせたにせの玉の枝に自信がないので、わざと見劣りするものだと言って、うそがばれないようにしたから。」など、同様の内容であれば正解とする。

読解テクニック

1
(6)**現代語訳の抜き出し問題は、――線部分をよく確認する！**
古文の言葉の意味を現代語訳から探す問題では、古文のどこまでの部分が問われているかを確認し、該当する部分に印をつけてみて、過不足がないかを確かめる。

今に生きる言葉

p.66

ぴたトレ1

1 ①めい ②むじゅん ③だそく ④かた

2 ①ウ ②エ ③ア ④イ

3 ①イ ②ウ

p.67

ぴたトレ2

1 (1)盾 (2)ウ (3)あなた (4)イ

「不便」の価値を見つめ直す

p.68

ぴたトレ1

1 ①い ②いっぱん ③とちゅう ④しせつ ⑤く ⑥うなが ⑦と ⑧もと ⑨しえん ⑩めんどう

2 ①エ ②ウ ③ア ④キ ⑤カ ⑥オ ⑦イ

3 イ・ウ（順不同）

4 不便／よさ

p.69

ぴたトレ2

1 (1)全てを自動化
(2)①しかし ②不便だからこそ得られるよさ
(3)例「不便益」の発想を新しいデザインに生かす研究。

p.70〜71

ぴたトレ3

1 (1)①× ②○ ③× ④○ ⑤○
(2)①例「便利はよいこと」で「不便は悪いこと」という考え方。
②「不便」の〜てしまう。／私たち一人〜ことになる（順不同）
(3)「不便益」の考え方（九字）
(4)新しい気づきや楽しみ
(5)例「便利はよいこと」で「不便は悪いこと」というこれまでの常識ではなく、「不便」だからこそ得られるよさがあるという視点をもつことで、世界をもっと多様に見ることができるようになるはずだということ。

2 ①要 ②一般 ③施設 ④繰

考え方

1 (1)「不便益」とは、「『不便』だからこそ得られるよさ」であることをきちんと押さえておく。①は「体力・知力の消耗が早くなる」のはよさではないので×。③は単に「かかる時間が多くなる」のはよさではないので×。②・④・⑤のように、「不便」であるからこそ発見や出会いの機会が増えたり、体力や知力が向上したり、モチベーションが上がり、達成感が大きくなったりすることが「不便益」である。

(2)①「固定観念」とは、「強く思い込んでいて、容易に変えることができない考え」の意味。ここでは、――線②の直前に書かれている、「便利」＝よい、「不便」＝悪い、という考えのこと。

②一つは、「固定観念にとらわれ」る→「無批判に『便利』なほうばかりを選」ぶ→「『不便』の価値を見落としてしまう」という流れで、もう一つは、「便利はよいこと」→「社会全体が『便利』だけを追求してい」く→「私たち一人一人は……機会が奪われたりすることになる」という流れで書かれている。

(3)――線③のある文を初めから読むと、「今、この考え方に賛同する仲間たちによって……研究や提案がなされ始めている。」とあり、基になっているのは「この考え方」であることがわかる。よって、

「この考え方」が指している内容を捉えればよい。詳しくは、「『不便』だからこそ得られるよさ……新しいデザインを創り出そう」という考え方だが、十字以内という字数制限があるので、簡潔にまとめた「『不便益』の考え方」が答えとなる。

(4)設問文の「見えてくるもの」という部分に着目する。「見えてくる」のだから、今は見えていない（＝隠れている）と考えることができる。十字という字数制限もヒントになる。

(5)最後の段落に着目しよう。ここでいう「これまでの常識」とは、「『便利はよいこと』で『不便は悪いこと』」という常識であり、その考えの下に「『便利』だけを追求してい」ることである。また、「別の視点」とは、「『不便』だからこそ得られるよさがある」という視点である。これらを押さえ、「世界をもっと多様に見ることができるようになるはずだ」という筆者の考えをまとめればよい。別解としては、「『便利』だけを追求するのではなく、『不便』だからこそ得られるよさがあることを認識して生かすことで、世界をもっと多様に見ることができるようになるはずだということ。」など、同様の内容であれば正解。

文法への扉2　言葉の関係を考えよう

p.72

ぴたトレ1

1 ①げんえき　②いそが　③ざんしん　④つ　⑤きがん　⑥おうせい　⑦すなお　⑧かんよう　⑨かんぺき　⑩じんぐう　⑪かせ　⑫かわ　⑬とどこお　⑭わ　⑮おとろ　⑯もう　⑰しぼ　⑱さ

2 ①ウ　②イ　③ア

p.73

ぴたトレ2

1 (1)①ウ　②オ　③エ　④ア　⑤イ
(2)①努力すれば　②桜

2 (1)①A電車が　B出発した
②A子供だって　B話せる
(2)①A冷たい　B雨が
②A明日　B来る

3 (1)①ア　②イ　③エ
(2)①私と姉は　②積んである

考え方

1 (1)①は「呼んで」を修飾する修飾語である。②は独立語で、独立語は読点で独立した文節として書かれていることが多い。③は接続語で、述語「帰りたい」の理由を表している。
(2)接続語や独立語は、読点で見分けられることが多い。

2 (1)初めに文の述語を捉え、それに対応する主語を確認する。①の述語は「出発した」で、「何が」出発したのかを考えると「電車が」となる。②の述語は「話せる」で、「誰が」話せるのかを考えると「子供だって」となる。主語が全て「〜が」や「〜は」の形になるとは限らないので注意すること。
(2)まず、主語と述語を省いて修飾語を見つけるとわかりやすい。①は「冷たい」で、「雨が」を修飾する連体修飾語である。②は「明日」で、「来る」を修飾する連用修飾語である。

3 (1)連文節の中の後の部分の文節の成分から考える。①は「冬が」から主部、②は「険しい」から述部、③は「暑いので」から接続部である。
(2)①は「私」と「姉」が対等な関係で並んだ並立の関係になっている。②は主な意味を表す「積んで」に意味を補う「ある」が付いた補助の関係になっている。

p.74〜75

ぴたトレ3

1 (1)①雨が／降る　②妹は／行った　③本が／ある　④君は／登るのか　⑤彼女は／優勝した
(2)①笑う　②ほえる　③感動的な　④会えるよ　⑤水を
(3)①B　②A　③B　④A

(4)①雨だったら ②寒いので ③さて ④しかし
(5)①こんにちは ②あっ ③八月十五日
(6)①イ ②ア ③ウ ④エ ⑤ウ ⑥ア ⑦イ ⑧エ

2
(1)①× ②〇 ③〇 ④〇 ⑤×
(2)①エ ②ウ ③ア ④イ ⑤オ ⑥ウ ⑦イ
(3)①B ②A ③B ④A

考え方

1 (1)まず述語を探し、そうする（そうである）のは何か（誰か）を見つければよい。
(2)つなげて読んでみて、不自然でないか確認する。③の「とても」は「感動的な（感動的だ）」を修飾する連用修飾語。連用修飾語は「どうする」だけでなく「どんなだ」も修飾することを覚えておこう。
(3)①は「暖かい」という用言を、②は「山を」という体言を含む文節を、③は「見に行く」という用言を、④「花を」という体言を含む文節を修飾している。
(4)接続語は、読点で見分けられることが多い。①は「雨だったら」という条件を示す接続語。②は「寒いので」という理由を示す接続語。③は「さて」単独で転換を表す接続語。④は「しかし」単独で逆接を表す接続語。
(5)独立語も、読点で見分けられることが多い。
(6)①は「とても」が「おもしろい」を修飾している。②は、「雨が」が主語、「やんだ」が述語である。③の「おもしろかったから」は理由を示す接続語である。④の「こんばんは」は、他の文節とは直接関係がない独立語である。⑤の「疲れたが」は、後に逆接で続くことを表す接続語である。⑥は「彼こそ」が主語、「ふさわしい」が述語である。「主語」は、「何が（誰が）」の形とは限らないので注意する。⑦は「日曜日に」が「行く」を修飾している。⑧の「もしもし」は、独立語である。

2 (1)連文節は、二つ以上の文節がまとまって、主語・述語・修飾語などと同じ働きをするものをいう。②は並立の関係の修飾部、③は修飾部、④は補助の関係の述部。
(2)①「風が吹くと」という条件を示す接続部。②述語「履いた」の修飾部。③「弟だ」という述語の主部。④補助の関係で、主語「花が」の述部。⑤「食事」と「運動」が並立の関係にある独立部。⑥「楽しむ」の修飾部。⑦補助の関係を含む、主語「私は」の述部。

考える人になろう

p.76

ぴたトレ1

1 ①ふ ②しんけん ③じまん ④とくしゅ ⑤つばさ
2 ①カ ②ウ ③イ ④エ ⑤ク ⑥オ ⑦ア ⑧キ
3 ①コペル（君） ②おじさん ③デパートの屋上（七階建てのビルディングの屋上） ④僕 ⑤大学の教室 ⑥表現とメディア

p.77

ぴたトレ2

(1)自分の裁量で自由に制約を変えられる
(2)例学生たちはいい表現を生むことができなかったということ。
(3)①イ ②（「）ちょうどいい制約（」）

少年の日の思い出

p.78

ぴたトレ1

1 ①しょさい ②やみ ③ふゆかい ④びしょう ⑤かんだか ⑥ゆうぎ ⑦あみ ⑧はんてん ⑨びん ⑩もはん ⑪ねた ⑫けっかん ⑬うらや ⑭ゆうが ⑮さと ⑯ふる ⑰つくろ ⑱ばつ ⑲たんねん ⑳いぜん ㉑けいべつ ㉒のどぶえ ㉓ののし ㉔つぐな
2 ①イ ②ア

3 ①僕　②エーミール　③母

4 ①私　②僕／十／十二

p.79

ぴたトレ2

1 (1)緊張／歓喜
微妙な喜び／激しい欲望
(2)強くにおう
(3)イ

p.80〜81

ぴたトレ3①

1 (1)①イ　⑥エ
(2)四つの大きな不思議な斑点
(3)例斑点の美しさ、すばらしさを見て、このちょうを手に入れたいという、逆らいがたい欲望を感じたから。
(4)大きな満足感
(5)例（自分は）盗みをした、下劣なやつだと思った。
(6)例クジャクヤママユがつぶれてしまったこと。（二十字）
(7)例美しいちょうを自分がつぶしてしまったことが悲しくて、悔やんでも悔やみきれない気持ち。

2 ①書斎　②不愉快　③微笑　④欠陥

考え方

1 (1)①の場面では、「僕」は「紙切れを取りのけたいという誘惑」にかられているが、それは紙切れを取りのけることで、ちょうの斑点が見られるからである。その期待や興奮から、「胸をどきどきさせ」ている。⑥の場面では、ちょうを盗んだことが女中に見つかるのではないかと思い、不安になって「胸をどきどきさせ」ている。

(2)文脈から、「留め針」は紙切れを留めていたものとわかる。「僕」が「紙切れを取りのけたいという誘惑」に負けたのは、紙切れの下にあるものを見たかったからであり、それは「留め針」を抜くと見ることができたものである。「すると」に着目するとよい。

(3)――線③の前の部分に着目する。「四つの大きな不思議な斑点」が、挿絵よりも美しくすばらしいのを見て、「この宝を手に入れたいという、逆らいがたい欲望を感じ」たのである。「この宝」が何であるかを明確にして答える。

(4)次の文に、「そのとき」の「僕」の気持ちが書かれている。

(5)――線⑤の内容から、自分の行動に対してよく思っていないことが読み取れる。自分のことをどう思ったかを答える問題なので、行動に対して「僕」が感じたことや思ったことが書かれている部分を探せばよい。ここでは、前の部分に、「盗み」をした自分を「下劣」だと「悟った」ということが書かれている。

(6)――線⑦の一文後からの部分に、「不幸」の内容が書かれている。「よく見ないうちに」わかった不幸なので、詳細に述べた部分を除いて二十字以内にまとめる。

(7)――線⑧のある段落の初めの文に着目する。「僕」の心を苦しめているのは、「美しい、珍しいちょう」を自分がつぶしてしまったことなのである。そこには、悔やんでも悔やみきれない、深い悲しみがある。別解としては、「美しいちょうをつぶしてしまったことへの悲しみと、強い後悔の気持ち。」など、同様の内容であれば正解とする。

読解テクニック

1 (6)**答えに該当する部分が複数ある場合は、字数制限に着目！**
文章中には、ある表現の言い換えだったり、より詳細に説明したりと、答えになりそうな部分が複数あって迷うことがある。だが、そんな場合は、答えを限定できるように字数制限がされていることが多い。迷ったときは、それぞれの部分に――などの印を付け、抜き出し問題であれば字数を、まとめる問題であれば字数制限に合うようにまとめられるか確認すればよい。

p.82~83

ぴたトレ3②

1

(1)例エーミールは、僕の言うことをわかってくれないし、信じようともしないだろうと感じていたから。

(2)壊れた羽は

(3)例羽は壊れ、触角もなくなっていたから。

(4)イ

(5)例クジャクヤママユをだいなしにしたから。

(6)一度起きたことは、もう償いのできないものだということ

(7)例人のちょうをだいなしにした自分を罰するとともに、この苦い経験の原因であるちょうの収集など、もう二度としないという気持ち。

2

①遊戯 ②瓶 ③羨 ④優雅

考え方

1

(1)同じ段落に「あの模範少年でなくて、他の友達だったら」と書かれている点に着目する。「模範少年」がエーミールのことを指すことを押さえたうえで、「僕」がエーミールをどんな人物だと感じているかを答える。

(2)――線②の直後の文に、エーミールがした「努力の跡」について書かれている。

(3)――線③の直後の文に、「触角もやはりなくなっていた。」とあることから、他にも繕うことができない部分があることを押さえる。「触角がなくなっていたから。」だけでは不十分。

(4)「僕」は、「それは『僕』がやったのだ」と、ちょうをだいなしにしたのが自分であることをエーミールに告白している。だから、エーミールは、大事なちょうをだいなしにしてしまうような乱暴な扱いをしているという意味で、こう言ったのである。

(5)「僕」は、エーミールに「詳しく話し、説明しようと試みた。」とあるが、その内容は書かれていない。設問文に「文章中の言葉を用いて」とあるので、ここでは「『僕』がやった」（＝「僕」がクジャクヤママユをだいなしにした）ことが理由となる。

(6)最後の段落の初めの文に書かれている。エーミールは、「僕」の償いを拒絶し、「罵り」もせず、ただ「軽蔑していた」。つまり、エーミールにとって、「僕」は罵る価値さえもない軽蔑すべき人物だと決めつけられてしまったのである。これを否定することもできず、受け入れるしかない「僕」は、「一度起きたことは、……償いのできないものだ」と悟ったのである。

(7)収集したちょうを、自分の手で粉々に押しつぶした点に着目する。「一度起きたことは、もう償いのできないものだ」と悟った「僕」は、自分のちょうの収集を押しつぶすことで、人のちょうをだいなしにした自分を罰しようとしたのであり、またこの苦い経験から、二度とちょうの収集など見たくもしたくもないという気持ちになったことが読み取れる。別解としては、「自分の犯したあやまちを自分で罰するとともに、この苦い経験を思い出すようなちょうの収集など見たくもしたくもないという気持ち。」など、同様の内容であれば正解。

文法への扉3 単語の性質を見つけよう

p.84

ぴたトレ1

1

①さいばし ②うつわ ③きっさてん ④まっちゃ ⑤かま ⑥う ⑦とうふ ⑧しぼう ⑨ねんしょう ⑩ぜんれい ⑪へんげん ⑫しゅび ⑬きそう ⑭さくご ⑮だいたん ⑯いっかん

2

①イ ②ウ ③エ ④オ ⑤ア

p.85

ぴたトレ2

1

(1)①自立語…祖母・手紙・書く（順不同）
付属語…に・を（順不同）
②自立語…学校・図書館・本・読ん（順不同）
付属語…の・で・を・だ（順不同）

⑵イ・ウ・エ・オ・ク（順不同）

2 ⑴①ア　②オ　③ク　④キ　⑤カ　⑥イ　⑦ウ　⑧エ
⑵①助詞…は・と・に（順不同）　助動詞…だ
②助詞…に・で・に（順不同）　助動詞…たい

3 ①ア　②イ　③イ　④ア　⑤イ

考え方

1 ⑴それぞれの文を単語に区切ってから考える。
①祖母－に－手紙－を－書く。
②学校－の－図書館－で－本－を－読ん－だ。
単独で文節を作れるものが自立語、単独で文節を作れないものが付属語である。

⑵活用する単語は、動詞、形容詞、形容動詞、助動詞の四つ。アは名詞、イは形容詞、ウは動詞、エは形容詞、オは形容動詞、カは副詞、キは接続詞、クは動詞。

2 ⑴それぞれの品詞の性質を覚えておこう。
⑵活用するのが助動詞、活用しないのが助詞。
①は「だ」が助動詞で、「だろ・だっ・で・だ・（な）・なら」と活用する。②は「たい」が助動詞で、「たかろ・たかっ・たく・たい・たい・たけれ」と活用する。

3 「体言」は名詞、「用言」は動詞・形容詞・形容動詞のことで、①・④は名詞、②は動詞、③は形容詞、⑤は形容動詞である。

p.86～87

ぴたトレ3

1 ⑴①遠く－の－ほう－で－雷－が－鳴る。
②庭－に－植え－た－バラ－が－きれいに－咲い－た。
⑵①ⓐA　ⓑA　ⓒB　ⓓB　ⓔA
②ⓐB　ⓑA　ⓒB　ⓓA　ⓔB
⑶①A…木・枝・鳥・とまっ・いる（順不同）
B…の・に・が・て（順不同）
②A…澄ん・青空・雲・浮かぶ（順不同）
B…だ・に・が（順不同）
③A…彼・昨日・映画・行っ（順不同）
B…は・に・た・らしい（順不同）
⑷エ・オ・キ・ク・ケ（順不同）
⑸①元気な・話す（順不同）
②曲がれ・見える（順不同）
③澄ん・だ・泳ぐ（順不同）
⑹①ア　②イ　③ウ　④イ　⑤イ　⑥ウ　⑦エ　⑧イ　⑨ア　⑩ア

2 ⑴①付属語　②活用　③成分　④言い切り
⑵①エ　②カ　③イ　④ア　⑤コ　⑥キ　⑦オ　⑧ク　⑨ウ　⑩ケ

考え方

1 ⑴②「植えた」は、動詞「植える」の活用した「植え」＋助動詞「た」。「きれいに」は形容動詞「きれいだ」の活用したもの。「きれい」＋「に」ではない。「咲いた」も、動詞「咲く」の活用した「咲い」＋助動詞「た」である。
⑵単独で文節を作ることができれば自立語、作ることができないなら付属語である。

⑶それぞれの文を単語に区切ってから、文節が作れるか考える。
①木－の－枝－に－鳥－が－とまっ－て－いる。
②澄ん－だ－青空－に－雲－が－浮かぶ。
③彼－は－昨日、－映画－に－行っ－た－らしい。
⑷活用する単語は、動詞・形容詞・形容動詞・助動詞の四つ。ア・カは名詞、イは副詞、ウは連体詞、エ・クは動詞、オは形容詞、キは助動詞、ケは形容動詞である。

⑸まず単語に区切って考える。
①妹－は－いつも－元気な－声－で－話す。
②角－を－曲がれ－ば－学校－が－見える。
③澄ん－だ－水－の－中－を－魚－が－泳ぐ。
①の「元気な」は、形容動詞「元気だ」が活用したもの、②の「曲がれば」は、動詞「曲がる」の活用した「曲がれ」＋助詞「ば」、

③の「澄んだ」は、動詞「澄む」の活用した「澄ん」＋助動詞「だ」である。

(6)自立語と付属語、活用する単語と活用しない単語をしっかり覚えておこう。

2 (1)品詞の分類の仕方を押さえておく。

(2)⑥「簡単に」は形容動詞「簡単だ」の活用したもの。⑨は連体詞。形容詞「大きい」の活用したものと誤りがちだが、形容詞の活用に「――な」という形はない。

随筆二編

p.88

ぴたトレ1

1 ①ずいひつ ②あこが ③すうけん ④う ⑤こ ⑥きおく ⑦かわ ⑧みのが ⑨まく ⑩にお ⑪てんじょう

2 ①オ ②ウ ③ア ④キ ⑤イ ⑥カ ⑦エ

3 経験／考え

4 ①青空 ②えんぽう

p.89

ぴたトレ2

1 (1)イ

(2)一面の雪なのに、辺りが妙に明るい（こと）。

(3)例青空なのに、舞い降りてくる小雪。

(4)例雪の白さに引き立てられた美しい「青空」。

言葉3 さまざまな表現技法

p.90

ぴたトレ1

1 ①よいん ②か ③ついく ④はち ⑤ぎじんほう ⑥かめ

2 ①オ ②ア ③イ ④エ ⑤ウ

p.91

ぴたトレ2

1 (1)ウ (2)イ (3)イ (4)ウ

(5)①カ ②イ ③キ・ク（順不同） ④イ・キ（順不同） ⑤ア・カ・ク（順不同） ⑥ウ・エ・オ（順不同）

考え方

1 (1)体言止めは、文末を体言（名詞）で結ぶことで、余韻を残したり、きっぱりとした印象を与えたりする方法である。ここでは、体言（名詞）の「雨」が文末にあるウが正解である。

(2)対句は、言葉を形や意味が対応するように並べることで、リズムや意味の面でのまとまりを生み、整然とした印象を与える方法である。一文の中で二回出てくる「～ならば」に着目する。

(3)直喩は、「まるで」「ようだ」などの言葉を用いて、たとえるものとたとえられるものとを結び付け、情景や心情などをわかりやすく、生き生きと伝える方法である。「魚のようだ」に着目する。

(4)擬人法は、人間でないものを人間にたとえて、生き生きとした印象を与える方法である。ここでは、「ささやく」と、風が吹いている様子を、人間の行動になぞらえている。

(5)①「りんごのような」の部分が直喩である。

②読点で区切られた二つの部分の順序が入れ替わっている倒置である。

③「頭上の暗幕」が黒い雲の隠喩であり、「稲妻(いなずま)が走る」の部分が、人間でない「稲妻」を「走る」という人間の行動になぞらえた擬人法である。

④②と同様に倒置である。また、「人生は旅だ」の部分が隠喩に当たる。

⑤文末の「君の姿」が、体言止めである。また、「お日様のような」が直喩であり、「生まれたばかりのお日様」が擬人法である。

⑥「もう一度　もう一度」という繰り返しが反復で、その心情を強調している。また、一、二行目と三、四行目が対句となっており、さらに六行目は「あなたと」と途中で止めて後の言葉を省略し、余韻を残している。

漢字3　漢字の成り立ち

p.92

ぴたトレ1

1
①おんぷ　②とうげ　③はもの　④か　⑤はんばい　⑥きょうゆ　⑦かれつ　⑧がはく　⑨はくしゅ　⑩しゅくはく　⑪しゅうかく　⑫あきな　⑬きた　⑭さ　⑮ほうてい　⑯かへい　⑰こうてつ　⑱くんしょう　⑲きょぎ　⑳きんせん　㉑たいこばん　㉒お　㉓す　㉔あせ

2
①イ　②ア

p.93

ぴたトレ2

1
(1)①イ　②エ　③ア　④ウ
(2)①ア　②エ　③エ　④ウ　⑤ウ　⑥ア　⑦エ　⑧イ　⑨ア　⑩イ
(3)思・辞・校・晴（順不同）
(4)①A中　B心　②A寺　B扌　③A申　B亻　④A義　B言
(5)①象形・指事・会意・形声（順不同）
②転注・仮借（順不同）
③六書

考え方

1
(2)②は「宀」（意符）＋「各」（音符）の形声、③は「氵」（意符）＋「先」（音符）の形声、④は「日」＋「月」の会意、⑤は「木」を三つ組み合わせた会意、⑦は「犭」（意符）＋「守」（音符）の形声、⑧は「木」の上に「一」の印を付け、もとの部分から遠い意味を表した指事、⑩は枠の真ん中に旗ざおを立てて「なか」の意味を表した指事である。

(5)②の「転注」は、元の意味が広がり他の意味に転用されること。例えば、「楽」は元「音楽」の意味で、音楽を楽しむことから、「たのしい」の意味になったことなど。「仮借」は、文字で表せなかった事柄を、同じ音の漢字を借りて表すこと。例えば、「ない」の意味を表す「ブ」という言葉を、もともとは「ない」という意味はないが、同じ音をもつ「無」を借りて表すなど。

さくらの　はなびら

p.94

ぴたトレ1

1
①イ　②ア

2
①口語自由詩　②七

3
①平仮名　②ⓐ人間　ⓑ擬人法　ⓒ反復　ⓓ倒置

p.95

ぴたトレ2

1
(1)ア
(2)はなびら／例若葉
(3)イ

坊っちゃん

p.96〜97

ぴたトレ3①

1
(1)イ
(2)例兄は元来さっぱりしない性分で、ずるかったから。
(3)①例もうしかたがないと観念して、勘当されようと思った。
②例清が泣きながらおやじに謝ったから。（十七字）
(4)まっすぐでよいご気性
(5)母も死ぬ〜きをする
(6)例清がほめても、おせじは嫌いだと答えるような、まっすぐなところ。

2 ①懸命　②罰金　③小遣　④乾

考え方

1 (1)――線①の前の部分から考える。「俺」は、母の死を知って「もう少しおとなしくすればよかった」と後悔していたところに、兄から「『俺』のために、おっかさんが早く死んだんだ」となじられたので、悔しかったのである。

(2)――線②の前の文に、仲がよくなかった理由が書かれている。兄は、「俺」とは正反対の、相いれない性格だったのである。

(3)①次の段落の最初の文に書かれている。「俺」は、勘当されるのを「しかたがない」と観念していたのである。

②これも次の段落の最初の文に書かれている。十年も召し使っている清の涙ながらの謝罪に、おやじが怒りを解いたのである。

(4)清の言葉から、清が「俺」のことを何と言ってほめていたかを押さえる。「泣きながら」という言葉を外さず、二十字以内にまとめよう。

(5)清が「よくしてくれ」たのとは逆に、「清以外の者」がどうであったかが書かれている部分を探す。母は死ぬ三日前に愛想をつかし、おやじは年中持て余し、町内では乱暴者とつま弾きをされていたのである。

(6)「それだから」の「それ」の内容を押さえる。「それ」とは、清がほめるたびに「俺はおせじは嫌いだ」と答えること。そういうところを「まっすぐでよいご気性」だと言っているのである。別解としては、「清がほめるたびに、『おせじは嫌いだ』といつも答えるような、まっすぐな気性であるところ。」など、「おせじは嫌いだ」という言葉を押さえた答えであれば正解。

読解テクニック

1 (5) **抜き出し問題の（符号は含まない。）はヒントである！**

抜き出し問題では、よく（句読点を含む。）や（符号を含まない。）などといった注意が付けられている。逆に言えば、答えの部分に「句読点」や「符号」が付いているということだ。これをヒントに答えを探すのも有効である。

ぴたトレ3②

1 (1)例「俺」が行くたびに、おりさえすれば、なにくれともてなしてくれたから。

(2)ウ

(3)①清　②おい　③主従

(4)例麹町辺に屋敷を買った「俺」の世話をすること。

(5)例もう生きて会うことはないということ。（十八字）

(6)例見送っていない（七字）

(7)例もう二度と会えないかもしれない清との別れを、寂しく思う気持ち。

2 ①口癖　②扱　③眺　④籠

考え方

1 (1)ここでの「結構な人」とは、「心がけがよい人。親切な人」という意味。次の文に、「俺」が清の（「おい」の）家に行くたびに、家にいさえすれば、なにくれともてなしてくれたとある。

(2)「卒業したら、麹町辺へ屋敷を買って役所へ通う」などと、清が独り決めして、それを「俺」の目の前で「おい」にふいちょうする（大げさに言いふらす）ので、「俺」は「困って顔を赤くした」のである。「寝小便をしたこと」を持ち出されたときは、「閉口した」とあるので、イは誤り。

(3)「いいつらの皮だ」とは、「とんだ迷惑だ」といった意味で、割に合わないことにあったときに同情、または、あざけって言うときに用いる。清は「俺」との関係を「主従」のように考えていた。清の理屈でいえば、「俺」が清の主人なら、当然「おい」にとっても主人なのである。勝手に「俺」の従者にされた「おい」に、「俺」は同情したのである。

(4)「卒業したら、麹町辺へ屋敷を買って」と自慢したり、「いつうちをお持ちなさいます」と尋ねたりしていること、また、「俺」との関係を「主従のように考えて」いることなどから考える。清は、「俺」がうちを持ちさえすれば、そこで「俺」の世話をするという望みがかなえられると思っていたのである。別解としては、『俺』が麹町辺に買った屋敷で奉公すること。」などでも正解。

(5)ここでの「お別れ」は、「俺」が出立するための「別れ」ではなく、「今生の別れ（＝この世に生きている間にはもう会えない別れ）」の意味であることに気づこう。

(6)「よっぽど動きだしてから」の「よっぽど」とは、「よほど」を強めた言い方で、「かなりの程度」という意味。汽車がかなり動きだしたので、「もう大丈夫」だと思ったことを考える。「帰ってしまった」「いなくなった」など、プラットフォームに清の姿がないことを答えていれば正解。

(7)目に涙をためて「もうお別れになるかもしれません。」と言った清の言葉に、「俺」はもう少しで泣きそうになっている。ずっと世話を焼いてくれた清との、もう二度と会えないかもしれない「別れ」のときであることを押さえて考えよう。別解としては、「自分を大事にしてくれた清と二度と会えないかもしれない別れに、胸がふさがるような気持ち。」など、同様の気持ちが書かれていれば正解とする。

p.100～101

幻の魚は生きていた

ぴたトレ3①

1

(1)①田沢湖で絶滅した　②西湖で生きていた

(2)ア

(3)出産祝い／病気見舞い／誕生日祝い（順不同）

(4)食料の増産

(5)玉川の水を～て使うこと／電力の供給～用すること（順不同）

(6)例移植先のどこかにクニマスが生きていないか、祈るような気持ちで探し始めた三浦さんの熱い思いが出発点となり、田沢湖周辺に住む人々を中心に起こった。

2

①偶然　②喪失　③影響　④一瞬

考え方

1

(1)クニマスが再び姿を現したという言葉から、一度姿を消した（絶滅した）ということ、そして再び姿を現したということを押さえる。クニマスはもともと田沢湖に生息していたが、一度絶滅し、そして時を経て、田沢湖から離れた西湖で発見されたのである。

(2)――線②の後に「誰が、いつ、どれだけクニマスをとったか」が記録されていると書かれている点に着目する。このように細かく記録する目的は、クニマスが大切な魚であり、とりすぎてしまうのを防ぐためと書かれている。

(3)田沢湖周辺に住む人々にとって、クニマスがどんな点で特別な魚であったかが記述されている部分に着目する。――線③と同じ段落の初めに書かれているので、その中から三つの情報を抜き出す。

(4)東北地方を大凶作が襲ったとき、「人々にとって切実な課題」となったこととして「食料の増産」が挙げられている。

(5)食料の増産と周囲の人々の生活のため、田沢湖の水をどのように使用したのかを押さえる。文章中に「～こと」という形で二つ述べられている。

(6)「この熱い思いが出発点となり」に着目する。「この熱い思い」とは、クニマスがどこかに生きていないか、祈るような気持ちで探し始めた三浦さんの思いである。その思いと行動を出発点にして、田沢湖周辺でクニマス探しの運動が起こったのである。別解としては、「クニマスの存在を祈るような気持ちで探し始めた三浦さんの熱い思いを出発点として、それに触発された田沢湖周辺の人々を中心に起こった。」など、同様の答えであれば正解とする。

p.102〜103

ぴたトレ3②

1

(1)クニマスの〜というもの

(2)㋑西湖にもクニマスによく似たヒメマスという魚がいて、その中にも黒いものがいるという事実。

(3)①三　②二（〜）十五

(4)西湖の黒〜一致する

(5)えらと消化器官

(6)エ→イ→ア→ウ

(7)㋑黒いマスがクニマスであるとすぐに結論づけるのではなく、疑うことと検証することを繰り返し、確かな証拠を集めた。

2

①経緯　②見舞　③打撃　④環境

考え方

1

(1)――線①直後の文に着目する。「ある記録」がどんなものかが書かれているので指定字数に合わせて抜き出す。クニマスの卵が絶滅前に譲渡（じょうと）されていたという記録が書かれているのである。

(2)西湖には「クニマスによく似たヒメマスという魚がいる」こと、「ヒメマスの中にも黒いものがいる」ことの二つをまとめて答える。「クニマスだと断定する前に、ヒメマスという魚のことを述べたのは、ヒメマスではなくクニマスであると検証していく必要があることを伝えるためである。

(3)クニマス、ヒメマス、そしてクニマスの可能性がある黒いマスの、それぞれの産卵の特徴（とくちょう）を整理する。黒いマスとクニマスの類似点、黒いマスとヒメマスの相違（そうい）点を知り、黒いマスがクニマスであると証明していく過程を押さえる。

(4)指示語が指す内容を答える問題なので、まず直前の段落から探す。前の段落で、黒いマスがクニマスであるとする証拠（しょうこ）を産卵という観点から証明したが、それだけではまだ十分ではないため、新たに問題を提起している。

(5)――線⑤直後の文に「多くの論文や学術書を調べた結果」わかったことが書かれている。黒いマスがクニマスであると科学的に証明するために、新たな証拠を提示している点を押さえよう。

(6)黒いマスがクニマスであると証明するまでの過程を整理する。初めに、筆者のもとに黒いマスが届けられ、クニマスではないかと疑う。その後、黒いマスがとられたときの状況（じょうきょう）を調べることで、黒いマスがクニマスであるという一つの証拠を得る。さらに論文や学術書を調べることで、クニマスだけに見られる特徴があることを知る。そのうえで、黒いマスを観察すると、クニマスだけの特徴があることを発見する。最後に、遺伝子の解析（かいせき）から、黒いマスとヒメマスは別の魚であることが判明し、黒いマスはクニマスであることが証明されたのである。

(7)クニマスだと証明するために、筆者がどのような態度をもって黒いマスについて検証していったのかを考えて答える。別解としては、「すぐにクニマスと信じるのではなく、疑うことを繰り返し、一つずつ検証することを大事にした。」など、二つのキーワードを押さえた同様の内容であれば正解とする。

百人一首を味わう

p.104

ぴたトレ3

1

(1)藤原定家

(2)部立

(3)ⓐいたずら　ⓑ思う

(4)ウ

(5)有明の月

(6)有明の月

(7)㋑私の恋心

考え方

1

(1)「小倉（おぐら）百人一首」は、撰者（せんじゃ）の藤原定家（ふじわらのさだいえ）が京都小倉山の山荘（さんそう）のふすまの色紙に和歌を書きつけたことから、この名が生まれた。

(2)「部立」には、「春」「夏」「秋」「冬」の四季の他に、「恋」「離別」「旅（羇旅）」「雑」がある。

(4)Aは「春」の和歌で、春の「花」といえば「桜」のことである。歌意は、「花の色は、早くも色あせてしまったことだよ。むなしい恋のもの思いにふけっているうちに、長雨が降り続いて。」というもの。

(5)Bは「夏」の和歌。「有明の月」とは、「夜が明けても空に残っている月」のこと。歌意は、「ほととぎすが鳴いた方角を眺めると、その姿はなく、ただ有明の月だけが残っていることだよ。」というもの。

(6)Cは「冬」の和歌。「朝ぼらけ」とは、「ほのぼのと夜が明ける頃」の意味で、「見るまでに」は、「思われるほどに」の意味。つまり、吉野の里に降っている雪を有明の月と思ったということ。歌意は、「ほのぼのと夜が明ける頃、有明の月が出ていると思われるほどに、吉野の里に降り積もっている白雪であることよ。」というもの。

(7)Dは「恋」の和歌。「色に出でにけり」とは、「（感情や思いが）顔色や様子に現れる」の意味。人に知られまいと隠していたけれど、顔色に現れてしまったのは、「我が恋（私の恋心）」である。歌意は、「胸のうちに隠していたけれど、とうとう顔色に現れてしまったことだよ、私の恋心は。誰かを恋してもの思いをしているのかと、人が尋ねるほどに。」というもの。

p.106

定期テスト予想問題 1

(1)イ
(2)例自分の姿に自信があり、じまんする気持ち。（二十字）
(3)イ
(4)例元気に力強く、リズムよく音読する。

考え方

(1)「ねえ」という呼びかけや「……よ」という言葉に置きかえて読んでみると、そのちがいがよくわかる。「おう」や「……ぜ」という言葉からは、夏の暑さにも負けない元気よさ、力強さが感じられる。

(2)「どきどきする」「ひかってる」「わくわくする」「きまってる」などから、自分の姿を自画自賛していることがわかる。同様の答えであれば正解とする。

(3)第一連と第二連の四行目の音数が一音ちがうだけで、ほぼ同じ音数になっている。これによって、詩にリズムが生まれている。

(4)「おう」や「……ぜ」による元気よさ、力強さを出し、リズムを生かして音読するとよい。

p.107

定期テスト予想問題 2

(1)イ
(2)例シンタと違うところがある自分は嫌だったから。
(3)例「僕」とシンタは好きなものや嫌いなものが同じだから。
(4)だんだん離れていった。

考え方

(1)「頭をがつんと殴られたような」とは、思ってもみなかったことが起こって、強いショックを受けたときに使う言葉である。「僕」は、まさかシンタが自分と違う意見をもっているなんて、思ってもみなかったのだ。

(2)「僕」は、シンタが「嫌いだ」と言ったことを悲しみ、自分が「好きだ」と言えなかったことを悔しがっている。しかし、それ以上にシンタと意見が違うことが絶対に嫌だったのである。それは「シンシュン」（この場面には書かれていないが、「僕」の名は「シュンタ」で、二人合わせて「シンシュン」）コンビでなくなり、これまでのようにはいっしょにいられなくなると思ったからである。

(3)「僕」とシュンタはいろいろなところが同じだったのだ。

(4)この出来事の後、二人は「あたりまえのことしか話さな」くなり、とうとう、「黙ってしまっ」て、その気まずさから、「だんだん離れていった。」のである。その後の「二人の関係」が問われていることに注意して答えよう。

p.108

定期テスト予想問題 3

(1)例二つの器官の味は、なぜ違っているのかという問い。

(2)胚軸…例葉で作られた糖分などの栄養分を根に送る役割をしているから。

根…例虫の害から身を守るため、辛み成分をたくわえているから。

(3)①辛み成分　②破壊　③化学反応　④辛み

考え方

(1)「なぜ」「どうして」や「……か」といった言葉に着目する。ここでは「なぜ、違っているのでしょう。」という文が「問い」であるが、どんな「問い」かがわかるようにまとめること。

(2)文章では、それぞれの器官の役割を対比させて述べている。その特徴の大事な点を落とさずに答えること。「根」の答えは、「大切な栄養分を守るため、……」などとしても正解。

(3)直前にある「そのため」の「その」の指し示す内容をおさえる。こそあど言葉の指し示す内容は、多く前の部分にあり、ここでも前の一文に書かれている。そこから適切な言葉をぬき出せばよい。

p.109

定期テスト予想問題 4

(1)①例女性の絵（四字）／例どくろの絵（五字）（順不同）

②例同じ図でも、近くから見るか遠くから見るかによって、全く違う絵として受け取られること。

(2)①私たちは

②例その物の他の面に気づき、新しい発見の驚きや喜びを味わうこと。

(3)ウ

考え方

(1)①「化粧台の前に座っている女性の絵」と、目を遠ざけることで見える「どくろをえがいた絵」である。この二つを字数制限に合うように答える。「どんな絵」か問われているので、「女性」「どくろ」ではなく「～の絵」と答えるのが適切。

②この図は、見るときの距離によって絵が変わってしまうことを、わかりやすく説明するための事例。第一段落の最後の文に、述べたいことがまとめられていることに気づこう。

(2)①筆者の提案は、物を見るときに、他の見方を試してみてはどうか、というもの。第三段落の初めの文に、「ひと目見たときの印象」や「一面のみ」で、「全てを知ったように思いがち」であるという人（「私たち」）の欠点が述べられている。それを直すための提案であることをおさえる。

②最後の文の、「……できる」という言葉に着目しよう。ただし、「中心に見るもの……変えたりすれば」の部分は、「他の見方を試してみ」ることの言いかえなので、答えにふくまないようにすること。

(3)第一段落と第二段落は、見るときの距離によって絵や物の見え方が変わることの事例である。第三段落は、事例をまとめ、筆者の考えを述べるものになっている。

p.110

定期テスト予想問題 5

(1)例台所から、砂漠に行って戻ってきた。

(2)例家の人が薬缶を使う朝までに戻らないといけないから。
例大好きな白い花が枯れないように、少しでも早く水をやりたいから。（順不同）

(3)夜ごと／一生けんめい／息せき切って
(4)ウ

考え方
(1)「台所をぬけ出し」とあることから「台所」から、「砂漠のまん中に一輪咲いた淋しい花……水をみんなやって戻って来る」から「砂漠」に行って戻って来たことがわかる。
(2)「薬缶」は普段台所にいて、夜の間に「こっそり」ぬけ出すのだから、家の人が「薬缶」を使う朝には戻っていなければならない。また、「大好きなその白い花」は雨の降らない「砂漠」に咲いているのだから、早く水を与えないと枯れてしまうかもしれない。そのため、ゆっくりしてはいられないのだろう。同様の内容であれば正解。
(3)「夜ごと」とあり、毎晩行っていることがわかる。また「一生けんめい」「息せき切って」という言葉からも、「薬缶」が「白い花」を「大好き」であることがわかる。
(4)「大好きなその白い花」にやるために運んだ「水」を全部やってくるのだから、「水」は「薬缶」の「白い花」に対する思い、愛情である。そう捉えると、「水のいっぱい入った薬缶」は、愛情をいっぱい抱えた薬缶、「水をみんなやって」は、愛情を全て注いで、などと読みかえることができる。

定期テスト予想問題 6

(1)激烈さや迫力、おそろしさなどのイメージ
(2)入れ物
(3)③表面からはうかがい知れないほどの中身があるといった意味
④表面からの距離が離れている様子
(4)比喩の発想

考え方
(1)ここでは「大声」を「雷」にたとえているので、「雷」の特性を文章中から探せばよい。
(2)前の部分に「頭の中に入れておく」「そのことで頭の中がいっぱいだ」などでは、「頭」が「入れ物」として捉えられているとある。そして、――線②なども「同様だろう」と述べていることに着目する。
(3)「深い」は二通りの意味が説明されている。③は形のないものの「深い」であり、④は形があるものの「深い」になっている。
(4)――線⑤を含む文に着目する。形のない思考や感情は、何によって表現することができるのかを読み取る。

定期テスト予想問題 7

(1)例母は僕たちに食べさせて、自分はあまり食べなかったから。
(2)①例ヒロユキの大切なミルクを、何回も盗み飲みしたこと。
②ミルクはヒ
(3)例(ヒロユキに)悪いことをしたという罪の意識と、後悔の気持ち。

考え方
(1)食べ物が十分でなかったために、母は子供たちに食べさせるのを優先して、自分はあまり食べなかったのである。だから、母自身の栄養が不足して、お乳が出なくなったのである。
(2)①指示語が指し示す部分を前の文章から探し出す。「それがどんなに悪いことか」とあるので、「悪いこと」が書かれている部分に着目する。当時、甘いものが全然なかったことから、弟の大切なミルクを飲みたくてしかたがなかった「僕」は、母に言いつけられていたにもかかわらず、何回もミルクを隠れて飲んでいたのである。
②配給のミルクは、弟のヒロユキにとって「ご飯」であり、「それしか食べられない」ものであることを押さえる。
(3)あえて「……」という表現を用いることで、人物の思いや考えを

強調することができる。ここでは、ヒロユキに対して悪いことをしたという罪の意識と後悔の気持ちが「僕」にあり、その気持ちを強めていることを読み取る。「罪悪感」「悔いる気持ち」など、同様の意味のことを押さえて答えられていれば正解。

p.113

定期テスト予想問題 8

(1) 例 胸がどきどきしている様子。
(2) ア
(3) 例 夏実に無視されてひどい顔をしているのを、戸部君に見られたこと。
(4) 夏実の他には

考え方

(1) 心臓の位置がわかるという表現から、緊張して心臓の動きが強くなり、どきどきしている様子がわかる。また、直後にも「どきどき鳴る胸」とある。
(2) 「音のない」という表現は、周囲の騒々しさが聞こえないくらい、今見ている光景が「私」にとってショックであったことを表している。また、「こま送りの映像」という表現は、動きの一つ一つがスローモーションのように遅く感じられ、現実のこととは思えないでいることを表している。つまり、予想外の夏実(なつみ)の行動に強い衝撃(しょうげき)を受けた気持ちをたとえているのである。
(3) 「きまりが悪い」とは、「格好が悪くはずかしい」という意味。戸部(とべ)君が見ていることに気づいた「私」は、夏実に話しかけて無視されたこと、そのせいでひどい顔をしていることを、「きまりが悪く」感じたのである。
(4) さけぶような強い調子の文を探そう。「夏実の他には……だれもいないのに。」と思うほど、「私」は夏実との関係にこだわり、何とか「友達」とよべる関係に戻りたいと願っているのである。

p.114

定期テスト予想問題 9

(1) 例 「言葉」をもつのは人間だけだと信じられ、動物の鳴き声は単なる感情の表れであり、「単語」ではないと考えられてきたから。
(2) ヘビを示す「単語」(九字)
(3) 複数の「単語」を組み合わせる能力
(4) 例 人間が最も高度な生物ではないという考え方。

考え方

(1) ——線①の直前にある「そのため」の「その」の指し示す内容を捉える。「『言葉』をもつのは人間だけ」、「動物の鳴き声は」「単なる感情の表れ」、「『単語』ではない」といった内容を押さえてまとめればよい。
(2) この「特別な鳴き声」は、直前にあるように「ヘビの存在を示す」ものである。それをヒントに字数制限に合う言葉を探そう。
(3) 研究でわかったことは、「シジュウカラが『単語』を使い分けること」と、もう一つは「それらを組み合わせてより複雑なメッセージを伝えていること」である。このことを十六字でまとめている部分を探せばよい。「実証」とは、「確かな事実や証拠によって証明すること」である。
(4) 「どんな考え方をする必要があ」るかが問われているので、単に「じっくり観察してみること」では答えにはならない。その前の「人間が最も……決めつけることなく」の部分を「考え方」という視点からまとめる。答えは、「人間が最も高度な生物であると決めつけない考え方」などでも正解。

p.115

定期テスト予想問題 10

(1) ⓐおおせたもう ⓑうけたまわりて ⓒなん ⓓいいつたえたる
(2) ①御文、不～べきよし

②例かぐや姫のいないこの世にいつまでもとどまる気がしないから。

(3)例帝に遣わされた使者が、兵士たちをたくさん引き連れて山に登ったから。

考え方

(1)ⓐ平仮名に直すと「おほせたまふ」となる。「ほ」は語頭でないハ行の音なので「お」になる。「たまふ」は、ハ行の音「ふ」が「う」となって「たまう」(tamau) になり、母音の「au」は「ô」となるため、「たもう」(tamô) となる。「たまふ」は重要古語なので、「たまふ」=「たもう」と覚えておくとよい。

ⓑ「うけたまはりて」の「は」も、語頭でないハ行の音なので「わ」となる。

ⓒ「む」「なむ」「らむ」「けむ」などの「む」は、「ん」となる。

ⓓ「言ひ伝へたる」の「言ひ」の「ひ」、「伝へたる」の「へ」も、語頭でないハ行の音。「い」「え」となる。

(2)①「そのよし」に続けて「うけたまはりて」とあるので、帝が命令したことを指していることがわかる。現代語訳と対応させ、適切に抜き出す。

②帝の命令は、手紙と不死の薬の壺を並べて燃やせというもの。不死の薬などいらないという、帝の気持ちが表れている文を探そう。

(3)現代語訳の中に、「〜から」という理由を表す言葉が使われていることに着目しよう。その直前に、理由が述べられている。

p.116

定期テスト予想問題 11

(1)売る

(2)つき通せるものはない。

(3)イ

(4)例自分の話のつじつまが合わないことに気づいたから。(二十四字)

考え方

(1)現代語訳の対応する言葉を探せばよい。

(2)この問いも、(1)と同じように対応する言葉を探せばよい。この「楚人」は、どんなするどいものであっても、この盾をつき通すことはできないと、売り込んでいるのである。

(3)ここも、現代語訳の対応する部分を探そう。「子」とは、ここでは「あなた」の意味。「以て」は、ここでは「〜で」という手段を表す意味である。

(4)「其の人」とは、「盾と矛とを鬻ぐ人」のこと。彼は初めに「私の盾の堅いことといったら、(これを)つき通せるものはない。」と言い、次に「私の矛のするどいことといったら、どんなものでもつき通せないものはない(どんなものでもつき通せる)。」と言っている。この二つは、つじつまが合わない。だから、「或るひと」にそのことをつかれると、自分でもつじつまが合わないことに気づき、答えることができなかったのである。二十五字という字数制限があるので、簡潔にまとめよう。「ある人に、つじつまの合わないことを指摘されたから。」など、同様の内容であれば正解とする。

p.117

定期テスト予想問題 12

(1)例「不便」だからこそ得られるよさがあることを認識し、それを生かして新しいデザインを創り出そうというもの。

(2)世界をもっと多様に見ること

(3)これまでの常識とは異なる別の視点

(4)①× ②○ ③○

考え方

(1)——線①の直前に「……というのが」とあり、ここに「不便益」の説明がされているのがわかる。設問に「どんなものですか」とあるので、文末は「〜もの。」という形に結んで答えること。

(2)「不便益」を日常生活に生かして、可能になることを答える問題である。文章中には「可能になる」という言葉は使われていないので、同じ意味の言葉がないか探してみよう。「できるようになる」という言葉があるのに気づけば、「どんなこと」かと問われている抜き出し問題なので、その直前の「……こと」の部分を字数制限に合わせて抜き出せばよい。

(3)生活の中で「不便益」を見つけるためには、「不便で嫌だな。」「面倒くさいな。」と「不便」を避けるような今までの常識とは異なる視点をもつことが大事なのである。

(4)①「私」は便利であることを否定しているわけではないので×。

②「不便益」の考え方から「新たな研究や提案がなされ始めている」とあるので○。

③「不便」なことにも「新しい気づきや楽しみが隠れているかもしれない」とあるので○。

p.118

定期テスト予想問題 13

(1)ウ

(2)例ちょうを手に入れた満足感。

(3)盗みをした、下劣なやつ

(4)例盗みをしたことを、誰かに見つかりはしないかという、恐ろしい不安に襲われたから。

考え方

(1)擬人法（人間でないものを人間にたとえる方法）で、生き生きとした印象や様子を強調する効果が生まれる。ここでは、ちょうの斑点が「見つめた」と表現することで、斑点の美しさやすばらしさを強調し、「僕」が、その美しさに魅入られたように感動している様子を表している。

(2)「僕」は、ある行動から満足感を得ていることに着目する。――線②の前の部分を見ると、「この宝を手に入れたい」という欲望を感じ、この欲望を「盗みを犯した」（＝ちょうを手に入れた）ことで満たした「僕」の満足感であることがわかる。

(3)次の文に書かれている。「僕」は、ちょうを手に入れて「大きな満足感」を感じていた。しかし、誰かが階段を「僕」の方に上がってくるのが聞こえた瞬間、「良心は目覚め」、右手に隠しているのは盗んだちょうであることに思いが至り、「自分は盗みをした、下劣なやつ」だということを悟ったのである。

(4)直前の文に着目する。「見つかりはしないか、という恐ろしい不安に襲われ」たからであるが、「具体的に」とあるので、どんなことを見つかりはしないかと不安に思ったのかを補って答えること。

p.119

定期テスト予想問題 14

(1)①イ　②ア　③オ　④エ　⑤ウ

(2)①ア　②ウ　③イ

(3)①エ　②ウ　③カ　④イ　⑤オ　⑥ア

(4)彼は来る、必ず。

(5)例優しく頰に触れた雪。

考え方

(1)それぞれの表現技法がどんなものなのか確認しよう。

①「体言止め」は、余韻を残したり、きっぱりとした印象を与える表現。例えば、「空が青い。」「雲が白い。」という文を、「青い空。」「白い雲。」と体言止めを使うことで、きっぱりとした印象になる。

②「倒置」は、言葉の順序を入れ替えて、情景や心情を強調する表現。例えば、「僕は彼女と初めて会った。」という文を、「僕は初めて会った、彼女と。」と倒置を使うことで、「彼女」を強調することになる。

③「反復」は、同じ言葉を繰り返し、その情景や心情を強調する

表現。例えば、幼い子供が「ヤダ、ヤダ、ヤダ」とだだをこねることがある。これも反復の表現の一つで、「ヤダ（嫌だ）」を繰り返すことで、心情を強調しているのである。

④「対句」は、言葉の意味や形が対応するように並べたもの。例えば、「空には星がまたたき、地上には雪がきらめく」という文の場合、

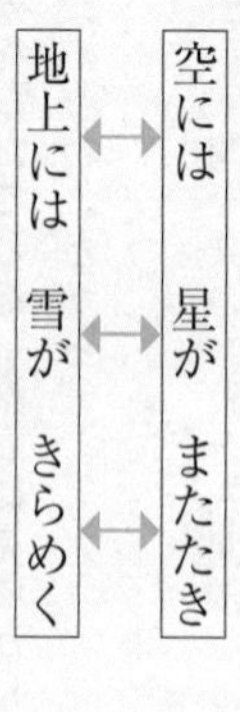

と言葉が対応し、形も対応している。両方が対応している必要はないが、問いに出されるのはこの形が多いので、覚えておくとよいだろう。

⑤「省略」は、文章や言葉を途中で止めて、後を省略するもの。例えば「僕はさけぶ／彼もさけぶ／そしてみんなが」と止めることで、「みんながさけぶ」ことを読み手に想像させて、その情景を印象づけたり強調したりするのである。

(2)②・③「まるで」「ようだ」などの言葉を使うものが「直喩」それらの言葉を使わないものが「隠喩」である。

(3)①「泣き出す」は人間の動作であるから擬人法。

②「ような」を使った比喩なので直喩。

③「ような」などの言葉を使っていない比喩なので隠喩。

④「海」という体言（名詞）で終わっているので体言止め。

⑤それぞれの言葉と形が対応しているので対句（詳しくは(1)④参照）。

⑥言葉の順序を入れ替えているので倒置。

(4)倒置は、語順の後の方になった言葉が強調される。例えば、「彼は必ず来る。」の語順を「彼は来る、必ず。」とした場合は、「必ず」を強調し、「必ず来る、彼は」とした場合は、「彼は」を強調する。こうしたことも押さえておこう。

---

p.120

定期テスト予想問題 15

(1)①友達と｜公園で｜待ち合わせる。

②公園に｜きれいな｜花が｜咲いて｜いる。

(2)①ウ　②エ　③ア　④イ

(3)①ウ　②オ　③エ　④イ　⑤ア

(4)①キ　②ア　③エ　④オ　⑤カ　⑥コ　⑦ウ　⑧ク　⑨イ　⑩ケ

考え方

(1)文節で区切るときは、「ね」や「さ」を入れてみるとよい。

①「待ち合わせる」は複合語で一つの単語である。「待ち」＋「合わせる」と区切ることはできない。

(2)①「ゆっくりと」「深く」は対等な関係で並んでいる。

②「置いて」という主な意味を表す文節に、「いる」という意味を補う文節が付いている。

③「海が」という主語と、「広がる」という述語の結び付きである。

④「もっと」が「読みたい」を修飾している。

(3)①「履いて」を修飾している。

②このような呼びかけは、独立部である。

③「暖かく　なったので」の「ので」に着目する。理由を示す接続部である。

④「こらえて　いた」は補助の関係の連文節で、述部である。

⑤「白い」という連体修飾語が「雲が」という主語を修飾している主部である。

(4)単語の分類の仕方をもう一度押さえておこう。